Inhaltsverzeichnis

Vorwort

Zum Thema

Der Titel *Mein Glaube – dein Glaube* drückt aus, dass wir in einer Gesellschaft leben, in der nicht ein bestimmter Glaube dominiert, sondern verschiedene Möglichkeiten gelebt werden. Die Menschen gehören verschiedenen Religionen und Konfessionen an und leben auch innerhalb dieser mit unterschiedlichen Überzeugungen. Die Formulierung *Mein Glaube – dein Glaube* zeigt auch, dass die Unterschiede in den verschiedenen Glaubensrichtungen nicht nivelliert werden. Nur wenn man sich das Andersartige deutlich macht, ist eine Identifikation mit dem eigenen Glauben möglich.

Gleichzeitig steckt in der Formulierung aber auch das Aufeinander-zu-Gehen. Es ist für das Zusammenleben wichtig, den Glauben der anderen kennen zu lernen und auch vom eigenen Glauben etwas mitzuteilen.

Juden, Christen und Muslime gehören den so genannten abrahamitischen Religionen an. Dies verdeutlicht ihren gemeinsamen Ursprung.

Das *Judentum* hat für die Christen vielfältige Bedeutung: Erstens ist es die Wurzel des Christentums und vieler christlicher Traditionen. Zweitens spielt es in der Geschichte der Deutschen eine besondere Rolle (Kultur, Politik) und drittens ist es wichtig für die gegenwärtige Gesellschaft – erfreulicherweise nimmt die Zahl der jüdischen Gemeinden und Gemeindemitglieder zu.

Die Auseinandersetzung mit dem *Islam* ist nicht erst seit dem 11. September 2001 aktuell. Muslimische Mitbürger prägen vielerorts das Zusammenleben der Menschen. Dieses kann umso besser gelingen, je mehr die Menschen voneinander (kennen) lernen.

Im *christlichen Religionsunterricht* müssen heute aber auch die eigenen Grundlagen erklärt werden, weil vielen Schülern vom Elternhaus kaum noch religiöse Traditionen vermittelt werden.

Das Verhältnis zwischen Juden, Christen und Muslimen spielt nicht zuletzt auch in der *Weltpolitik* eine bedeutende Rolle. Auch jüngere Schülerinnen und Schüler sollten Hintergründe kennen lernen, um die Berichte in den Medien einordnen und verstehen zu können.

Zum Inhalt

Der erste Themenkreis beinhaltet Arbeitsblätter, die sich mit *Gemeinsamkeiten und Unterschieden* der drei Religionen beschäftigen. Es geht um Glaubensbereiche, die für alle Religionen wichtig sind: *Symbole* (S. 5, 19), *Räume* (S. 5, 20), *Rituale* (S. 18) und besonders *Feste* (S. 12–17). Aber auch *Gebote* (S. 11) und *religiöse Fragen*, z. B. die Gottesfrage (S. 9 f.), können vergleichend bearbeitet werden. *Konfliktstoff* bietet oft die räumliche Nähe der verschiedenen Religionen, besonders in der Stadt Jerusalem (S. 6), aber auch in unserer Kultur (S. 12). Umso wichtiger ist es, Schülerinnen und Schüler zum *Brückenbauen* zu motivieren (S. 20).

Der zweite Themenkreis befasst sich mit *jüdischen Traditionen*, wobei den *Schriften* als *Grundlage* eine besondere Bedeutung zukommt (S. 23–25). Einfluss auf das jüdische Alltagsleben haben auch heute noch die *Speisegebote*, an die die Schüler durch Überlegungen zu einigen bei uns üblichen Speisen herangeführt werden (26 f.). Von den jüdischen Festen werden hier das *Chanukka-* und das *Pessachfest* vorgestellt (S. 28–36). Beide Feste sind weit verbreitet und christliche Schülerinnen und Schüler haben einen besonderen Zugang dazu aufgrund der zeitlichen (aber auch inhaltlichen) Nähe zu den beiden populären christlichen Festen Weihnachten und Ostern (vgl. S. 58–69). Diese Arbeitsblätter unterstützen besonders *handlungsorientiertes Lernen*: vom Basteln einer Chanukkia (S. 31), über das Dreidelspiel (S. 32) bis zum Konzept für die Feier eines Sedermahls (S. 33–35).

Der *Islam* ist christlichen Schülerinnen und Schülern nicht so nah wie das Judentum. Durch die Ereignisse am 11. September 2001 wird er von vielen mit Skepsis oder Ablehnung betrachtet. Deshalb sind zwei Seiten der *allgemeinen* Auseinandersetzung mit dem Thema gewidmet (S. 37 f.). Es folgen Arbeitsblätter, mit denen *grundlegende Inhalte* kennen gelernt und kreativ erarbeitet werden können (S. 39–49). Bei der letzten Seite dieses Abschnitts geht es um eine umstrittene Frage (S. 50): Das *Kopftuch* gibt immer wieder Anlass zu Diskussionen, auch in der Öffentlichkeit. Die *Nähe des Islam zur jüdischen und christlichen Religion* können die Schüler erkennen, wenn sie sich mit der Himmelsreise Mohammeds beschäftigen (S. 44 f.): Hier tauchen Personen auf, die auch im Judentum und im Christentum eine Rolle spielen.

Ein lebensnaher Zugang zum Christentum für Schülerinnen und Schüler dieser Jahrgangsstufe sind *christliche Feste und Symbole*. Diese sind in der Gesellschaft gegenwärtig, auch wenn andere Formen religiösen Lebens immer mehr in den Hintergrund treten. Wenn die Schüler die Herkunft und Bedeutung so verbreiteter Symbole wie *Kreuz* (S. 52–55,

72) und so populärer Feste wie *Ostern* (S. 58–62) und *Weihnachten* (S. 63–69) kreativ erarbeiten, kommen sie damit der tieferen Bedeutung christlichen Glaubens auf die Spur. Auch das Fest der *Taufe* (S. 51) und die *Kirchengebäude* (S. 70–72) sind ein sinnvoller Zugang dazu. Dieser Themenkreis setzt bei verbreiteten, aber oft völlig verweltlichten Bräuchen an, z. B. Adventskalender (S. 63 f.) oder Ostereiersuchen (S. 61 f.): Durch die spielerische Erarbeitung der ursprünglichen Bedeutung werden christliche Inhalte vergegenwärtigt. Die Auseinandersetzung mit der *biblischen Grundlage* der Feste und Symbole wird mit den Seiten 54 f., 58 f., 65 f. und 72 gefördert.

Im Themenkreis *Evangelisch – Katholisch* geht es um Unterschiede und Gemeinsamkeiten der beiden Konfessionen. Die Arbeitsblätter S. 73 f. erfragen das *Vorwissen* zu dem Thema. Im Unterricht kann das Vorwissen der Schüler anhand der Begriffe durch nähere Erklärung seitens des Lehrers vertieft bzw. durch Informationen erweitert werden. *Unterschiede und Gemeinsamkeiten* der *Konfessionen* können die Schüler durch einen Unterrichtsgang in die verschiedenen Kirchen mit Hilfe der Arbeitsblätter S. 75 f. selbstständig erarbeiten. Zur Vertiefung können die Arbeitsblätter S. 77–79 erarbeitet werden, die Merkmale der beiden Konfessionen anhand der Kirchenräume erklären. Einen ersten Einblick in *Inhalt und Entstehung* der beiden Teile der christlichen *Bibel* bieten die Kopiervorlagen S. 82–92. Die enge *Verbundenheit der christlichen Bibel mit der jüdischen Bibel* wird in den Kopiervorlagen S. 82–85 deutlich. Die Schüler können erkennen, dass die Christen mit dem Alten Testament die jüdische Bibel übernommen haben. Auf spielerische Art lernen sie Merkmale der *hebräischen Sprache* kennen (S. 85, vgl. auch 5 und 42), die nicht nur die Ursprache des Alten Testaments ist, sondern auch heute in der jüdischen Religion eine Rolle spielt und (modernisiert) als Sprache Israels aktuell ist. Die Bibel als Grundlage des christlichen Glaubens hat nicht nur religiöse, sondern auch kulturelle Bedeutung. Mit dem Arbeitsblatt S. 94 können Schüler durch Interviews die *Bedeutung der Bibel* für verschiedene Menschen selbstständig erfragen; ihren eigenen Zugang können sie auf verschiedene Arten selbst gestalten (S. 92 f.).

Themen zur vergleichenden Erarbeitung der Religionen

Der Inhalt des vorliegenden Heftes ist nach den einzelnen Religionen geordnet, damit die Arbeitsblätter schnell zugeordnet werden können. Im Unterricht ist aber auch eine Zuordnung nach verschiedenen Themengebieten möglich. Diese können dann vergleichend bearbeitet werden.

Zeichen und Symbole:
S. 5, 18 (allgemein); S. 15 f., 30 f., 69 (Licht); S. 22–24 (jüdisch); S. 39, 50 (islamisch); S. 61–65, 69, 72, 77–81 (christlich).
Rituale und Bräuche:
S. 17 (allgemein); S. 26 f., 29–35 (jüdisch); S. 38, 40, 47–50 (islamisch); S. 51, 54 f., 60–68, 81 (christlich).
Feiern und Feste:
S. 12–16 (allgemein); S. 28–35 (jüdisch); S. 51, 58–69, 81 (christlich).
Gebäude:
Die Gebäude zeigen oft typische Merkmale der einzelnen Glaubensgemeinschaften. Folgende Arbeitsblätter befassen sich mit den verschiedenen Gebetshäusern: S. 5, 19 (allgemein);
S. 23 f., 28 f. (Synagoge, Tempel); S. 39 f., 45 (Moschee, Felsendom); 70–72, 54–58 (Kirche).
Schriften und Sprache:
In den abrahamitischen Religionen spielen die grundlegenden Schriften eine herausragende Rolle, für das Judentum die jüdische Bibel (S. 83), besonders die Tora (S. 23 f.), der Talmud (S. 25) und für das Pessachfest die Haggada (S. 33), für den Islam der Koran (S. 41), aber auch die Hadithe (S. 43 f.), und für das Christentum die Bibel (S. 82–94). Die Ursprache der jüdischen Bibel (Hebräisch, S. 5, 42, 85) und die Sprache des Koran (Arabisch, S. 5, 39, 42) sind auch im gegenwärtigen religiösen Leben von Bedeutung.
Existentielles:
Einige Arbeitsblätter befassen sich thematisch mit verschiedenen allgemeinen Lebensfragen: Gottesfrage (S. 9 f.), Gebote (S. 11), Dunkelheit (S. 16), Brückenbauen (S. 21), Einweihung – Entweihung (S. 29), Freiheit (S. 36), Leid (S. 54 –56), Tod und Hoffnung (S. 57–59), Licht der Welt (S. 69).

Zur Art der Kopiervorlagen

Alle Kopiervorlagen sind so gestaltet, dass sie *direkt im Unterricht eingesetzt* werden können. Sie bieten kreative und kognitive Zugänge zu den Religionen. Spielerisch wird z. B. das Vorwissen oder das Wissen am Ende einer Unterrichtseinheit durch Rätsel getestet, handlungsorientiert werden z. B. Festbräuche nachvollzogen; durch Nachdenken oder Zuordnen werden Inhalte kognitiv erfasst. Längere Informationstexte sind durch Unterbrechungen, Fragen und Aufgaben didaktisch so aufbereitet, dass sie von den Schülerinnen und Schülern selbstständig erarbeitet werden können. Erforderliche Hinweise und zusätzliche Tipps sind in den *Anmerkungen* zu finden.

Almut Löbbecke
(Herausgeberin)

GEBÄUDE LADEN ZUM GEBET EIN

Moschee

Kirche

Synagoge

➜ Hier siehst du Gebetshäuser von Muslimen, Christen und Juden.
Unten findest du für diese Häuser typische Schriftzüge und Symbole.
Schneide sie aus und klebe sie auf die Abbildungen des jeweils passenden Gotteshauses.

EGO SUM OSTIUM
PER ME SI QUIS
INTROIERIT
SALVABITUS

Übersetzungen
Hebräischer Satz: *Mein Haus soll ein Bethaus heißen für alle Völker. (Jes 56,7)*
Lateinischer Satz: *Ich bin die Tür, wenn jemand durch mich hineingeht, wird er gerettet werden. (Joh 10,9)*
Arabischer Satz: *[Zum Gebet] kehre dein Angesicht in Richtung der heiligen Moschee [dh. nach Mekka].*
(Koran, Sure 2:150)

➜ Was bringen die einzelnen Sätze zum Ausdruck?

JERUSALEM – HEILIGE STADT FÜR DREI RELIGIONEN

In der Altstadt von Jerusalem finden sich Hinweise auf die drei Religionen, für die diese Stadt sehr wichtig ist. Auf dem Stadtplan findest du heilige Stätten, deren Namen Aufschluss darüber geben, zu welcher Religion sie gehören.

➡ Suche die Heiligtümer, Gebäude und Ortsbezeichnungen heraus, die du einer der drei Religionen zuordnen kannst und schreibe ihre Namen in die Tabelle.

Islam	Judentum	Christentum

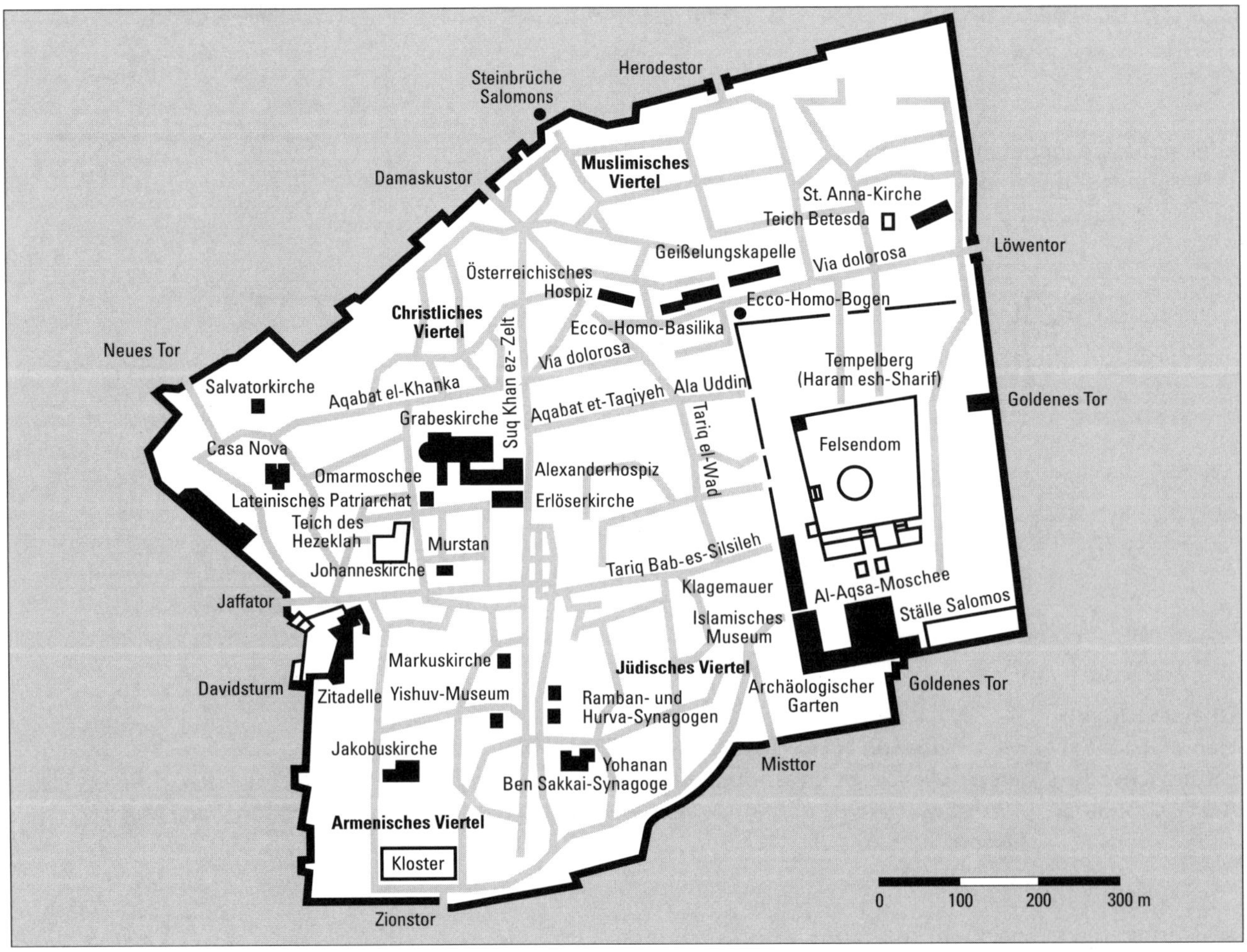

Steinbrüche Salomons
Herodestor
Damaskustor
Muslimisches Viertel
St. Anna-Kirche
Teich Betesda
Löwentor
Geißelungskapelle
Via dolorosa
Österreichisches Hospiz
Ecco-Homo-Bogen
Christliches Viertel
Ecco-Homo-Basilika
Tempelberg (Haram esh-Sharif)
Neues Tor
Via dolorosa
Salvatorkirche
Aqabat el-Khanka
Suq Khan ez-Zelt
Aqabat et-Taqiyeh
Ala Uddin
Goldenes Tor
Grabeskirche
Felsendom
Casa Nova
Tariq el-Wad
Omarmoschee
Alexanderhospiz
Lateinisches Patriarchat
Erlöserkirche
Teich des Hezeklah
Murstan
Tariq Bab-es-Silsileh
Johanneskirche
Klagemauer
Al-Aqsa-Moschee
Jaffator
Islamisches Museum
Ställe Salomos
Markuskirche
Davidsturm
Zitadelle
Yishuv-Museum
Jüdisches Viertel
Archäologischer Garten
Goldenes Tor
Ramban- und Hurva-Synagogen
Jakobuskirche
Yohanan Ben Sakkai-Synagoge
Misttor
Armenisches Viertel
Kloster
Zionstor

0   100   200   300 m

RELIGIONENRÄTSEL

➡ Teste dein Wissen über die drei verwandten Religionen Judentum, Christentum und Islam.

Sind die folgenden Aussagen richtig oder falsch? Kreuze an.

		richtig	falsch
1.	Das Weihnachtsfest ist das größte religiöse Fest im Judentum.	☐	☐
2.	Muslime beten sonntags gemeinsam in der Moschee.	☐	☐
3.	Das Christentum ist die älteste der drei Religionen.	☐	☐
4.	Im Judentum gibt es strenge Speisevorschriften.	☐	☐
5.	Muslime dürfen kein Schweinefleisch essen.	☐	☐
6.	Im Islam kennt man Jesus nicht.	☐	☐
7.	Die Heilige Stadt der Juden ist Jerusalem.	☐	☐
8.	Jüdische Kinder sind bei ihrer Taufe auf den Tag genau sechs Wochen alt.	☐	☐
9.	Im Islam gibt es ein Alkoholverbot.	☐	☐
10.	Fastenzeiten gibt es nur im Islam.	☐	☐
11.	Die Islamische Zeitrechnung beginnt im Jahre 622 n. Chr.	☐	☐
12.	Das Judentum ist die älteste der drei Religionen.	☐	☐
13.	Die gemeinsame Wurzel der drei Religionen ist das Lukasevangelium.	☐	☐

➡ Wenn du alle richtigen Begriffe gefunden hast, ergibt sich als Lösungswort ein Begriff, der für alle drei Religionen große Bedeutung hat.

1. Wie heißt der muslimische Fastenmonat?
2. Wie heißt das heilige Buch der Christen?
3. Eine Stadt, die für alle drei Religionen wichtig ist.
4. So heißt das jüdische Bet- und Lehrhaus.
5. So nennt man das Gebetshaus im Islam.
6. Wie heißt die Heilige Schrift des Islam?
7. Wie nennt man die Türme der islamischen Gebetsstätte (Einzahl)?

WELCHES WORT GEHÖRT ZU WELCHER RELIGION?

➡ Auf diesem Arbeitsblatt sind Begriffe aus Judentum, Christentum und Islam durcheinander geraten. Wähle für jede Religion eine Farbe:

Judentum: _____   Christentum: _____   Islam: _____

➡ Nun markiere die zu dieser Religion gehörenden Wörter unten mit der entsprechenden Farbe. Manche Wörter kannst du mit zwei oder sogar drei Farben markieren, weil sie zu zwei oder zu allen drei Religionen gehören.

➡ Achtung: Zwei Begriffe gehören zu einer ganz anderen Religion. Welche sind das? Weißt du auch, zu welcher Religion sie gehören?

Kirche
Talmud
Nirvana
Gott
Ostern
Rabbiner
Imam
Moses
Rom
Vaterunser
Weihnachten
Mekka
Mohammed
Jesus
Koran
Opferfest
Pessach
Buddha
Ramadan
Synagoge
Schma Israel
Bibel
Jerusalem
Neues Testament
Abraham
Hadithe
Pfarrer
Moschee

FRAGEN EINER TOCHTER (1)

„Vati?" – „Ja".

„Meine Freundin Nadia und ich sind immer zusammen …" – „Ja mein Kind, sie ist deine Freundin."

„In der Klasse, beim Spazierengehen, beim Essen …" – „Das ist großartig. Sie ist ein nettes Mädchen mit guten Manieren."

„Aber vor der Religionsstunde gehe ich in eine Klasse und sie in eine andere. Warum ist das so?" Der Vater blickt zu seiner Frau, die still vor sich hinlächelt und sich in ihre Stickereiarbeiten vertieft. „Es ist doch nur in der Religionsstunde …", antwortet er schmunzelnd.

„Warum, Vati?" – „Weil du an eine Religion glaubst und sie an eine andere."

„Wie meinst du das?" – „Du bist ein muslimisches und sie ist ein christliches Mädchen."

„Warum ist das so?" – „Du bist noch sehr jung. Du wirst es später verstehen."

„Ich bin ein großes Mädchen, und ich möchte wissen, warum ich Muslim bin."– „Dein Vater ist Muslim, deine Mutter ist es, und deshalb bist du es auch."

„Und Nadja?"–„Ihr Vater ist Christ, ihre Mutter ist es, und so ist sie es auch."

„Liegt es daran, dass ihr Vater eine Brille trägt?"

„Aber nein. Das hat nichts mit der Brille zu tun. Es ist so, weil sein Großvater schon Christ war …" Er ist entschlossen, die Reihe der Vorfahren fortzusetzen bis sie genug davon hat und ein anderes Thema anspricht. Aber stattdessen fragt sie ihn: „Welche Religion ist besser?"

Er denkt einen Augenblick nach. „Es ist gut, ein muslimisches Mädchen zu sein, und es ist auch gut, ein christliches Mädchen zu sein."

„Ist denn nicht die eine Religion besser als die andere?" – „Die eine ist gut, und die andere ist es auch."

„Sollte ich nicht Christin werden, damit wir zusammen zum Religionsunterricht gehen können?"

„Nein, mein Kind, das ist unmöglich. Jedes kleine Kind bleibt das, was die Eltern sind …"

„Aber warum?"

Oh, diese moderne Erziehung! „Willst du nicht warten, bis du erwachsen bist?"

„Nein Vati …" […]

„Jede Religion ist gut", antwortet der Vater rasch. „Muslimische Mädchen verehren Gott, und die christlichen …"

„Warum verehrt sie ihn in einem Raum und ich in einem anderen?" – „In einem Raum wird er auf eine Weise verehrt und im anderen auf die andere."

„Worin unterscheiden sie sich, Vater?" – „Du wirst das nächstes Jahr lernen, oder übernächstes. Für den Augenblick reicht es zu wissen, dass muslimische Mädchen Gott verehren und christliche es auch tun."

„Wer ist Gott?"

Er denkt eine Weile nach. „Was hat dir die Lehrerin in der Schule gesagt?", fragt er um etwas Aufwind zu bekommen.

„Sie liest uns aus dem Koran vor und bringt uns Gebete bei. Aber ich möchte wissen, wer Gott ist."

Wieder denkt er nach. „Er ist der Schöpfer der ganzen Welt."

„Wie hat er das gemacht?" – „Mit seiner allmächtigen Kraft."

„Ich möchte immer mit Nadia zusammen sein", ruft das kleine Mädchen nach einer Weile, „auch im Religionsunterricht!"

„Ich glaube nicht, dass es möglich ist, die Fragen auf diesem Niveau zu diskutieren", antwortet er gähnend.

„Eines Tages wird sie erwachsen sein", antwortet diesmal seine Frau, „und dann wirst du in der Lage sein, ihr all die vielen Informationen zu geben, die du zu wissen scheinst!"

Er dreht sich ärgerlich in ihre Richtung, um zu sehen, ob sie wirklich meint, was sie sagt, oder ob sie es sarkastisch meint. Aber sie hat sich schon wieder in ihre Stickerei vertieft.

Nagib Mahfuz, Das Paradies der Kinder.
© Unionsverlag Zürich 1996

➨ Unterstreiche die Fragen, die die Tochter stellt, mit einer Farbe und die Antworten des Vaters mit einer anderen. Was denkst du über die Antworten des Vaters?

➨ Warum fällt es dem Vater so schwer Antworten zu finden, mit denen seine Tochter zufrieden ist?

➨ Setzt euch in Gruppen zusammen. Jede Gruppe überlegt sich ein Gespräch, das Nadia mit ihrem Vater führen könnte. Schreibt eure Gesprächsideen auf und vergleicht sie miteinander.

FRAGEN EINER TOCHTER (2)

➔ „Wer ist Gott?" – Auf diese Frage scheint der Vater gar keine Antwort zu haben. Woran liegt das?

_____

_____

_____

➔ Was könnte eure Religionslehrerin oder euer Religionslehrer auf die Frage „Wer ist Gott?" antworten?

_____

_____

_____

➔ Was antworten wohl andere Menschen auf diese Frage? Schreibt mögliche Antworten in die Sprechblasen. Vielleicht könnt ihr die Zeichnung auch bunt gestalten und ergänzen. Gebt den einzelnen Menschen Namen und schreibt dazu, wer sie sind oder woran sie glauben.

Wer ist Gott?

➔ Fallen dir ähnliche Fragen ein, die man nur schwer beantworten kann? Nenne Beispiele.

_____

_____

GEBOTE

Die wichtigsten Gebote des Islam (frei nach Sure 17:23 – 36 in Auszügen)	Die zehn Gebote (2 Mose 20,2 – 17 in Auszügen)
Setze nicht Allah einen anderen Gott zur Seite, damit du nicht getadelt wirst und verlassen dasitzt. Und dein Herr hat bestimmt, dass ihr ihm allein dienen sollt.	Ich bin der Herr, dein Gott. Du sollst keine anderen Götter neben mir haben.
Und zu deinen Eltern sollst du gut sein. Wenn eines von ihnen oder beide dir im Haus hochbetagt geworden sind, dann sag nicht „pfui!" zu ihnen und fahr sie nicht an, sondern sprich ehrerbietig mit ihnen.	Du sollst dir kein Gottesbild machen, keinerlei Abbild.
	Du sollst den Namen des Herrn, deines Gottes nicht missbrauchen.
Der Herr weiß sehr wohl, was ihr in euch bergt. Er erkennt, falls ihr rechtschaffen seid. Den Bußfertigen ist er bereit zu vergeben.	Gedenke des Sabbattages, dass du ihn heilig haltest.
	Ehre deinen Vater und deine Mutter.
Und lasst euch nicht auf Unzucht ein! Das ist etwas Abscheuliches – eine üble Handlungsweise!	Du sollst nicht töten.
Und tötet niemanden, den zu töten Allah verboten hat.	Du sollst nicht ehebrechen.
	Du sollst nicht stehlen.
Und tastet das Vermögen der Waisen nicht an.	Du sollst nicht falsch Zeugnis reden wider deinen Nächsten.
Und gebt, wenn ihr zumesst, volles Maß und wiegt mit der richtigen Waage! So ist es am besten für euch und nimmt am ehesten einen guten Ausgang.	Du sollst nicht begehren deines nächsten Haus. Du sollst nicht begehren deines nächsten Frau, Knecht, Magd, Rind, Esel noch irgendetwas, was dein Nächster hat.
Und geh keiner Sache nach, von der du kein Wissen hast! Gehör, Gesicht und Verstand, für all das wird dereinst Rechenschaft verlangt.	

In dieser Übersicht findest du die wichtigsten Gebote des Islam und die zehn Gebote aus der jüdischen Bibel, die auch für das Christentum grundlegend sind.

➡ Verbinde die jeweils ähnlichen Gebote mit Linien und markiere in jeder Spalte die Gebote farbig, für die du keine Entsprechung auf der anderen Seite findest.

➡ Suche dir aus jeder Spalte ein Gebot heraus, das für dich das wichtigste ist. Schreibe eine Erklärung auf: Warum hast du dieses Gebot ausgewählt? Was gefällt dir daran? Warum ist es wichtig?

➡ Warum brauchen Menschen Vorschriften? Versuche mithilfe deiner eigenen Antworten zu erklären, warum es im Islam, im Judentum und im Christentum viele ähnliche Gebote gibt.

MERKWÜRDIG, WIE MANCHE MENSCHEN FEIERN ...

Eylül ist elf Jahre alt und lebt mit ihren Eltern und Großeltern in der Türkei. Ihre beiden sehr viel älteren Brüder leben in Deutschland. Der jüngere wird bald Vater und Eylül will dann endlich auch mal nach Deutschland fliegen. Nach langem Bitten und mit viel Überzeugungskraft hat sie ihren Vater und ihren Großvater schließlich überredet.

Natürlich darf sie nicht allein nach Deutschland. Wenn es so weit ist, wird der Vater sie begleiten. Eylül ist froh darüber. Sie freut sich zwar auf das Fliegen und ist sehr neugierig auf das fremde Land, aber es ist alles sehr neu und aufregend für sie. Deshalb fühlt sie sich doch sicherer, wenn Vater dabei ist.

Ganz plötzlich ist es dann so weit. Das Baby wird Anfang Februar geboren und Eylül fährt kurze Zeit später mit ihrem Vater los. Für diesen wichtigen Anlass hat sie ausnahmsweise schulfrei bekommen. Den Flug bringen die beiden gut hinter sich. Vater kennt sich recht gut aus; er hat seine Söhne schon öfter besucht.

Am Düsseldorfer Flughafen steigen sie um in die S-Bahn Richtung Hauptbahnhof. Eylül ist aufgeregt. Sie schaut aus dem Fenster. Leider sieht Düsseldorf hier gar nicht so toll aus, wie sie sich das immer vorgestellt hat. Erst einmal Flughafen, dann viel langweilige Gegend, schließlich graue Bahnhofsumgebung.

Im Zug fallen ihr allerdings schon ein paar merkwürdig gekleidete Leute auf. An jeder Station steigen mehr Leute ein, es wird lauter und voller. Einige fangen laut an zu singen – Eylül wird es ein bisschen unheimlich, sie kuschelt sich etwas enger an den Vater. Vater sieht auch ein bisschen verunsichert aus. Er hatte seiner Tochter viel über Deutschland erzählt, aber so etwas nie.

Als sie am Hauptbahnhof ankommen, stehen dort schrill angezogene Menschen, lustig, fröhlich, laut. Jetzt fällt es Vater wieder ein: Hier wird an diesem Wochenende Karneval gefeiert! Daran hatte er bisher gar nicht gedacht. Miterlebt hat er das zwar auch noch nie, aber schon einiges darüber gehört und gelesen. Im Islam gibt es dieses Fest nicht und soviel er weiß, hat Eylül davon noch nie gehört. Nun muss er also ganz besonders auf seine Tochter aufpassen, denn hier im Gewimmel kann leicht jemand verloren gehen. Jetzt stehen sie hier – Vater und Tochter, Hand in Hand, mitten im Gewühl ...

➲ Lies dir die Geschichte aufmerksam durch. Versuche einmal, dich in die Lage des Mädchens hineinzuversetzen. Was glaubst du, wie Eylül sich fühlt?

_____

_____

_____

_____

_____

_____

_____

➲ Überlege, wie die Geschichte weitergehen könnte und schreibe deine Ideen auf die Blattrückseite.

- Vielleicht möchte Eylül von ihrem Vater wissen, was hier eigentlich los ist. Wie könnte das Gespräch zwischen Vater und Tochter verlaufen?
- Nachdem Eylül und ihr Vater endlich bei der Familie angekommen sind, erzählen sie, was sie auf dem Weg vom Bahnhof erlebt haben.
- Eylül ist von den Erlebnissen des Tages so beeindruckt, dass sie noch am gleichen Abend einen Brief an die Mutter und die Oma schreibt.

FEIERTAGE (1)

In jedem Land auf dieser Welt werden Feste gefeiert. Meistens haben die Feste eines Landes ihren Ursprung im religiösen Leben der Menschen, die dort leben. Wo viele Menschen verschiedener Religionen zusammenleben, werden auch viele unterschiedliche Feste gefeiert, wie z. B. in Indien.

Bei uns in Deutschland sind die „großen" christlichen Feste fast allen Menschen bekannt. Damit man sie nicht vergisst, haben die Erwachsenen meistens ein paar arbeitsfreie Tage und die Schulkinder haben sogar Ferien.

➡ Sicher kennst du diese Feiertage. Aber weißt du auch, was an diesen Tagen gefeiert wird? Wenn nicht, dann schau in einem Lexikon nach. Informiere dich in einem Kalender, wann diese Feiertage in diesem Jahr stattfinden und schreibe das entsprechende Datum dazu.

Name des Feiertages	dieses Jahr am:	Was wird gefeiert?
Karfreitag		
Ostern		
Pfingsten		
Weihnachten		

Bei den folgenden Feiertagen wird es vielleicht schon etwas schwieriger:

Himmelfahrt		
Fronleichnam		
Buß- und Bettag		
Reformationstag		
Allerheiligen		

Es gibt noch viel mehr christliche Feiertage! Vielleicht ist dir aufgefallen, dass es Feste gibt, die nicht überall gefeiert werden. Das liegt daran, dass es katholische, evangelische und gemeinsame Feiertage gibt.

➡ Schreibe oben vor jeden Feiertag ein „k", „e" oder „g", je nachdem, was für ihn zutrifft. Wenn z. B. in einem Bundesland mehr Menschen katholischen als solche evangelischen Glaubens leben, werden die katholischen Feste dort stärker hervorgehoben, etwa dadurch, dass sie arbeitsfreie Feiertage sind.

➡ Zu welchem Feiertag möchtest du ein Bild malen? _____

FEIERTAGE (2)

Bei uns leben viele Menschen, die anderen als den christlichen Religionen, z. B. dem Islam angehören. Menschen, die dem Islam angehören, nennt man Muslime. Sie feiern andere Feste als christlich Gläubige.

➜ Wenn du muslimische Mitschüler hast, frage sie, was an jedem der unten genannten Feiertage gefeiert wird und wann er dieses Jahr stattfindet. Solltest du keine Möglichkeit haben jemanden zu fragen, dann schlage im Lexikon nach.

Name des Feiertages	dieses Jahr am:	Was wird gefeiert?
Opferfest		
Beginn des Fastenmonats		
Fest des Fastenbrechens		
Neujahrsfest		

Wann islamische Feiertage stattfinden, wird nach dem Mond berechnet. Weil bei uns der Sonnenkalender üblich ist, verschieben sich die Daten der islamischen Feiertage jedes Jahr.

➜ Kennst du auch jüdische Feiertage? Lass dir auch hier von Freunden oder Bekannten helfen bzw. schlage nach.

Name des Feiertages	dieses Jahr am:	Was wird gefeiert?
Pessach (Passah)		
Chanukka (Lichterfest)		
Sukkot (Laubhüttenfest)		
Schawuot (Wochenfest)		

Die Daten der jüdischen und einiger christlicher Feiertage werden nach dem Sonnenkalender und dem Mond berechnet. Deshalb fallen einige christliche und jüdische Feiertage in dieselbe Jahreszeit.

➜ Suche dir einen jüdischen und einen christlichen Festtag aus, die so zusammenpassen und male ein Bild zu der gemeinsamen Jahreszeit.

Jüdischer Feiertag: _____   Christlicher Feiertag: _____

Monat: _____   Monat: _____

LICHTERFESTE (1)

➜ Wer von euch kann die meisten Feste nennen, bei denen Licht eine Rolle spielt?
Schreibe alle Feste, die dir einfallen, zwischen die Lichtsymbole. Du kannst noch weitere hinzumalen.

➜ Mein Lieblingslichterfest ist: _____

➜ Male zu deinem Lieblingslichterfest ein Bild:

➜ Was gefällt dir an diesem Fest besonders?

_____

_____

LICHTERFESTE (2)

Halloween

Der in Amerika übliche Brauch, Kerzen in ausgehöhlte und mit geschnitzten Gesichtern versehene Kürbisse zu stellen, war früher auch in Deutschland verbreitet. Hier wurden die Kürbisse oder Rüben zum Martinsfest auf Stöcken durch die Straßen getragen. Sie bildeten also die Vorläufer der heutigen Martinslaternen. Mit dem Licht und den Fratzen sollten wahrscheinlich böse Mächte vertrieben werden, die in der dunklen Jahreszeit ihr Unwesen treiben.

Sankt Martin

Das Martinsfest am 11. November wird in vielen Gegenden mit Laternenumzügen und Martinsfeuern gefeiert. Der christlichen Tradition nach erinnert dieses Fest an den Heiligen Martin – in protestantischen Gegenden wurde daraus ein Fest zu Ehren Martin Luthers (anlässlich seines Geburtstags am 10. November). Wie Halloween geht das Martinsfest wahrscheinlich auf ein vorchristliches Fest zurück, das dem Beginn der dunklen Jahreszeit galt. Dies erklärt auch das Anzünden der Laternen und der Feuer.

Silvester

Der 31. Dezember hat ursprünglich keine religiöse Bedeutung. Dieser Tag wird mit verschiedenen Bräuchen zum Jahreswechsel gefeiert. Dabei spielen Orakel (Zukunftsdeutungen) und Glücksbringer eine besondere Rolle. Durchgesetzt hat sich das Silvesterfeuerwerk (ursprünglich zur Vertreibung böser Geister). Der Name geht auf den Tagesheiligen Papst Silvester I. zurück.

Weihnachten

Das Fest der Geburt Christi wurde erst im 4. Jh. auf den 25. Dezember gelegt. Das römische Fest des „Sol invictus", der unbesiegbaren Sonne, wurde so mit einem christlichen Inhalt gefüllt. Zeugnis hierfür ist der Satz des Augustinus (354–430 n. Chr.): „Wir feiern den 25. Dezember nicht wegen der Geburt der Sonne, wie die Ungläubigen, sondern wegen der Geburt dessen, der die Sonne erschaffen hat."

Chanukka

Das jüdische Lichterfest, das ungefähr zur gleichen Zeit gefeiert wird wie das christliche Weihnachtsfest, dauert acht Tage. Jeden Tag wird eine Kerze mehr am Chanukkaleuchter entzündet, bis am letzten Tag acht Lichter leuchten. Das Fest erinnert an die Wiedereinweihung (hebräisch „Chanukka") des Tempels in Jerusalem nach dessen Entweihung durch die Griechen im 2. vorchristlichen Jh. Der Legende nach war am Tag der Wiedereinweihung des Tempels nur noch so wenig reines Öl für den Tempelleuchter übrig, dass es für einen Tag gereicht hätte. Durch ein Wunder brannten die Lichter jedoch acht Tage lang, bis neues Öl zur Verfügung stand.

Wintersonnenwende

Die Wintersonnenwende ist der Zeitpunkt der längsten Nacht des Jahres. Danach werden die Tage wieder länger – das Licht besiegt die Dunkelheit. In vielen Religionen wurde zu dieser Zeit des Jahres die Sonne (bzw. der Sonnengott) besonders gefeiert, so z. B. in Rom („Sol invictus"), in Ägypten und im Mithraskult.

➜ Welche dieser Feste kennst du? Welche feierst du selbst?

_____

_____

_____

➜ Male zu jedem Fest das passende Lichtsymbol in den dazugehörigen Kreis.

LICHTERFESTE IN DER DUNKLEN JAHRESZEIT

Ob Halloween (30.10.), St. Martin (11.11.), Martinifest (10.11.), Advent, Weihnachten, das jüdische Chanukka, die skandinavischen Wintersonnenwendfeiern, Feuerwerk zu Silvester oder Lichtmess (2.2.) – alle diese Feste haben eines gemeinsam: Sie werden in unseren Breiten im Winterhalbjahr gefeiert und jedes von ihnen hat etwas mit Licht zu tun.

➜ Der Winter wird auch die „dunkle Jahreszeit" genannt. Warum?

_____

➜ Wie fühlst du dich, wenn es um dich herum dunkel ist?

_____

_____

➜ Die oben genannten Lichterfeste gehen auf unterschiedliche Art mit der Dunkelheit um. Welcher Art ist das Licht bei den jeweiligen Festen? Wie wirkt es? Welche Gefühle löst es aus? Schreibe einige Feste in die Tabelle und vervollständige sie.

Lichterfeste	Arten des Lichts	Wirkungen des Lichts
①		
②		
③		
④		

➜ Was gefällt dir an diesen Festen?

① _____

_____

_____

➜ Wähle eines der Feste aus. Stelle dir vor, wie du auf einem Plakat das Typische dieses Festes zum Ausdruck bringen kannst (z.B. mit Bildern und Erklärungen). Das Plakat soll eine Einladung zum Fest werden. Schreibe hier deine Ideen dazu auf oder zeichne eine Skizze, bevor ihr in der Gruppe gemeinsam das Plakat gestaltet:

RITUALE ORDNEN DAS LEBEN

Verhaltensweisen, die Regelmäßigkeiten aufweisen oder sich nach gleichem Muster wiederholende Handlungen werden als *Rituale* bezeichnet. Rituale helfen Menschen, sich im Alltag zu orientieren und geben ihrem Leben eine Struktur.

➡ Maren und ihre Mutter haben ein gemeinsames „Einschlaf-Ritual": Die Mutter erzählt ihr jeden Abend eine Geschichte. Welche Rituale kennst du aus deinem Alltag?

_____

_____

_____

_____

➡ Habt ihr Rituale, die bei euch den Religionsunterricht eröffnen? Welches würdest du dir wünschen? Vergleicht eure Wünsche zu den Eröffnungsritualen für den Religionsunterricht und einigt euch auf eines, das ihr von nun an nutzen könnt.

_____

_____

_____

_____

➡ Welche Rituale, die Bestandteil eines Gottesdienstes sind, fallen dir ein? Notiere sie und schreibe dazu, zu welchem Gottesdienst sie gehören, wenn du es weißt.

_____

_____

_____

➡ Welche Rituale gibt es in fast allen Religionen?

_____

_____

_____

➡ Ein Alltagsritual, das auch in manchen Gottesdiensten vorkommt, ist das gegenseitige Händereichen. Was wird damit ausgedrückt?

_____

_____

 **ZEICHEN UND SYMBOLE**

➡ Wofür stehen diese Zeichen? Ziehe Linien und beschrifte sie.

Damentoilette

➡ Manche Dinge, die im Leben von Jugendlichen oder Kindern eine Rolle spielen, können etwas Ähnliches wie Symbole sein. Was könnten folgende Begriffe für Jugendliche bedeuten?
Basketballmütze, Freundschaftsarmband, Ring, Teddybär

➡ Symbole sind mehr als Zeichen. Das griechische Wort Symbol bedeutet „das Zusammengefügte, Verbindende". Aber was wird durch ein Symbol ‚verbunden'?

➡ Weil Symbole helfen, nicht Sichtbares zu veranschaulichen, kommt keine Religion ohne Symbole aus. Überlege, wofür die folgenden Symbole stehen können:

Wasser

Kreuz

Dunkelheit

Wüste

➡ Male ein Bild, das verschiedene Symbole in sinnvollem Zusammenhang zeigt.

RELIGION

Gemeinsames und Verschiedenes

HEILIGE RÄUME

➡ Stell dir vor, du ziehst um. Ein Zimmer in der neuen Wohnung soll ab jetzt dein Zimmer sein. Am Anfang ist es noch leer und sieht genauso aus wie jedes andere Zimmer. Aber schon nach einer Woche erkennt jeder: Dies ist dein Zimmer! Kannst du es malen?

➡ Betrachte dein Bild. Woran kann man erkennen, dass dies **dein** Zimmer ist?

_____

_____

_____

➡ Vergleiche dein Bild mit denen der anderen in der Klasse. Gibt es Dinge, die auf allen Bildern zu sehen sind? Welche?

_____

_____

➡ Um ihre Religion auszuüben – zum Beispiel um zu beten – gehen religiöse Menschen in besondere Räume. Kennst du solche Räume oder Gebäude?

_____

_____

_____

➡ Wähle eines dieser Gebäude aus und beschreibe, was typisch für seinen Innenraum ist.

_____

_____

_____

MUT ZUM BRÜCKENBAUEN

1. Herr, gib mir Mut zum Brücken bauen,

gib mir den Mut zum ersten Schritt,

lass mich auf deine Brücken trauen,

und wenn ich gehe, geh du mit.

2. Ich möchte gerne Brücken bauen, wo alle tiefe Gräben sehn. Ich möchte über Zäune schauen und über hohe Mauern gehn.

3. Ich möchte gern dort Hände reichen, wo jemand harte Fäuste ballt. Ich suche unablässig Zeichen des Friedens zwischen Jung und Alt.

4. Ich möchte nicht zum Mond gelangen, jedoch zu meines Feindes Tür. Ich möchte keinen Streit anfangen; ob Friede wird, liegt auch an mir.

5. Herr, gib mir Mut zum Brückenbauen, gib mir den Mut zum ersten Schritt. Lass mich auf deine Brücken trauen, und wenn ich gehe, geh du mit.

Text: Kurt Rommel, Melodie: Paul Gerhard Walter
© by Gustav Bosse Verlag, Kassel

➡ Lies dir den Liedtext aufmerksam durch.
Denke gemeinsam mit deiner Nachbarin oder deinem Nachbarn über die Notwendigkeit von Brücken nach. Fallen euch besonders wichtige Brücken ein? Schreibt eure Überlegungen kurz auf:

_____

_____

➡ Versucht zu zweit ohne Worte – also nur mithilfe der Körpersprache – darzustellen, welche Brücken in diesem Liedtext gemeint sind.

➡ Gibt es eine Liedstrophe, die dir besonders gut gefällt? Notiere die Nummer der Strophe und erkläre kurz, warum sie dir gefällt.

_____

_____

➡ Welche „Gräben" (vgl. Strophe 2) gibt es deiner Meinung nach zwischen Menschen aus unterschiedlichen Religionen und Kulturen?

_____

_____

➡ Nenne Beispiele für „Brücken", die du über solche „Gräben" hinweg zu anderen Menschen bauen kannst.

_____

_____

DIE MENORA

Das Wappen des Staates Israel zeigt die *Menora*, den siebenarmigen Leuchter, dessen Gestalt auf die im Altertum als *Moria* bekannte Pflanze zurückgehen soll. Die die Menora umgebenden Olivenzweige symbolisieren die Sehnsucht nach Frieden; sie wachsen aus dem hebräischen Wort *Israel*.

Die Menora erinnert an die wechselvolle Geschichte der Juden. Sie ist eine Nachbildung des großen goldenen Leuchters, der im Allerheiligsten des ersten Tempels in Jerusalem stand. Der Tempel ist im Laufe der Geschichte einige Male zerstört worden, zuletzt durch die Römer im Jahre 70 n. Chr. Sie raubten den Leuchter nach der völligen Zerstörung Jerusalems in einem großen Triumphzug. Man weiß bis heute nicht, was dann damit geschehen ist. Heute steht eine große Nachbildung der Menora vor der Knesseth, dem Parlamentsgebäude Israels in Jerusalem. Der Leuchter wird heute meistens ohne Licht abgebildet, zum Ausdruck der Trauer über die Zerstörung Jerusalems und die Vertreibung der Juden durch die Römer.

➡ Du kannst der symbolischen Bedeutung der Menora auf die Spur kommen, wenn du über die drei Symbole nachdenkst, die in der Menora enthalten sind: **Baum** (der ursprüngliche Leuchter war sehr groß!), **Licht**, die Zahl **7**. Schreibe deine Gedanken mit passenden Farbstiften in und neben die Umrisse.

So entstanden Himmel und Erde mit allem, was lebt. Am siebten Tag hatte Gott sein Schöpfungswerk vollendet und ruhte von seiner Arbeit aus. Deshalb segnete er den siebten Tag und erklärte: „Dieser Tag ist heilig, er gehört mir." (Gen 2, 1–3)

➡ *Ein Feier- und Ruhetag in jeder Woche ist für mich wichtig, weil* _____

_____

Wenn ich an Gottes Schöpfung denke, _____

_____

➡ Male selbst eine Menora, verziere sie und schreibe einen kleinen Artikel:
Die Menora, ein Symbol für den jüdischen Glauben.

DIE TORA (1)

Die Tora ist das Herzstück der jüdischen Bibel. Sie erzählt die Geschichte von den Anfängen des jüdischen Volks und enthält alle wichtigen Gebote, die das Zusammenleben der Menschen untereinander und mit Gott regeln. Nach jüdischer Vorstellung wurde die Tora den Menschen von Gott gegeben. Sie gilt deshalb als heilig und unveränderbar.

Früher, als es noch keine gebundenen Bücher gab, schrieb man wichtige Dinge auf Papyrusblätter, die man aneinander reihte und dann zu Rollen zusammenwickelte. So bestanden auch die Tora und die anderen Bücher der jüdischen Bibel (des Tenach) damals aus großen Schriftrollen. Heute kann man die jüdische Bibel auch als Buch kaufen. In der Synagoge benutzt man für die Lesungen jedoch immer noch Rollen.

➡ Kannst du dir vorstellen, warum?

_____

_____

_____

_____

➡ Lies folgenden Text aufmerksam und achte besonders darauf,
was über den Umgang mit der Tora gesagt wird.

*In der Synagoge wird viermal wöchentlich aus der Tora vorgelesen. Hierfür ist die Tora in 54 Wochenabschnitte eingeteilt. An jedem Schabbat wird ein neuer Abschnitt gelesen. Innerhalb eines Jahres wird so die gesamte Tora einmal durchlaufen. Den Tag, an dem der letzte Teil abgeschlossen und gleich darauf mit dem ersten Abschnitt begonnen wird, feiert man mit einem besonderen Fest: **Simchat Tora**, dem Fest der Torafreude.*

Für die Lesung in der Synagoge werden Torarollen verwendet, die aus speziellem Pergamentpapier hergestellt sind. Von besonders ausgebildeten Toraschreibern werden die Texte per Hand auf die Rollen geschrieben. Diese Arbeit erfordert viel Konzentration und Geschick, denn eine Torarolle darf keine Schreibfehler enthalten.

*In der Synagoge werden die Torarollen in einem speziellen Schrank aufbewahrt, dem Toraschrein. Auf Hebräisch heißt der Toraschrein **Aron Hakodesch**, das bedeutet „der heilige Schrank" oder „der Schrank des Heiligen". Der Toraschrein steht meist erhöht und an einer Stelle, wo jeder ihn sehen kann. Er befindet sich immer an der Wand der Synagoge, die Richtung Jerusalem zeigt – in europäischen Synagogen also an der Ostwand. Oft ist der Toraschrein von einem prachtvoll bestickten Toravorhang verhüllt. Vor dem Toraschrein brennt ein ewiges Licht, das **Ner Tamid**. Die Torarollen im Schrein sind durch so genannte **Toramäntel** aus Samt, die mit Brokat und Stickerei verziert sind, geschützt. Zur Ehre der Tora sind die Schriftrollen oft mit silbernen Aufsätzen in Form von Granatäpfeln (**Rimonim**) geschmückt. An bestimmten Festtagen wird der Schriftrolle anstelle der Rimonim die **Torakrone** aufgesetzt. An silbernen Ketten hängt das **Toraschild**, auf dem häufig die Gesetzestafeln abgebildet sind.*

*Zum Lesen der Torarolle in der Synagoge wird der Torazeiger (**Jad**) verwendet, ein meist silberner Stab, an dessen Ende eine silberne Hand mit ausgestrecktem Zeigefinger befestigt ist. Der Torazeiger dient als Lesehilfe, damit der heilige Text der Tora nicht berührt werden muss. Wenn die Torarollen durch Gebrauch beschädigt worden sind, werden sie nicht weggeworfen, sondern auf dem Friedhof beerdigt.*

➡ Woran erkennt man, dass die Tora besonders wichtig ist und mit Ehrfurcht behandelt wird?

_____

_____

DIE TORA (2)

➡️ Malt die Abbildungen aus. Schreibt die passenden Bezeichnungen dazu. Benutzt dabei folgende Wörter:
Torarolle, Toraschrein, Torazeiger, Lesepult, Torakrone, Toraschild, Rimonim, Toramantel.

EINE SEITE AUS DEM TALMUD

Der Talmud ist neben der hebräischen Bibel die zweite wichtige Schrift im Judentum. Er enthält viele Erklärungen und Erläuterungen zur Bibel, aber auch Geschichten, aus denen man etwas lernen kann. Der Talmud ist nicht in einem Stück geschrieben worden, sondern über viele Jahre hinweg entstanden.

Die Abbildung zeigt eine Seite aus dem Talmud. Man erkennt, wie der Talmud aufgebaut ist. Der eigentliche Kerntext steht in der Mitte. Er ist der älteste Teil. Um den Kerntext herum befinden sich Kommentare von jüdischen Gelehrten aus späterer Zeit.

➡ Auf diesem Arbeitsblatt findest du einen Satz aus dem Talmud. Schreibe deine eigenen Überlegungen um diesen Kerntext herum. Vielleicht könnt ihr auch zu dritt an einem Arbeitsblatt arbeiten. Dann habt ihr als Ergebnis eine Seite, die genauso aufgebaut ist, wie die oben abgebildete Talmudseite: in der Mitte der Text, umgeben von euren Kommentaren.

*Wirf keinen Stein
in den Brunnen,
von dem du deinen Durst
gelöscht hast.*

➡ Gestaltet aus euren Arbeitsblättern eine Wandzeitung.

KASCHRUT – DIE SPEISEGEBOTE (1)

➡ Vielleicht hast du schon einmal jemanden sagen hören: „Das scheint mir nicht ganz koscher!"
Was ist mit hier mit dem Wort *koscher* gemeint?

_____

_____

Das Wort koscher kommt aus dem Judentum. Damit bezeichnet man Speisen, die nach den Bestimmungen der Tora erlaubt sind. Die Kaschrut-Gesetze erklären, welche Speisen koscher sind und wie man sie koscher zubereitet. Ein wichtiger Grundsatz stammt aus der Tora: „Kocht ein Böcklein nicht in der Milch seiner Mutter."
(Exodus 23,19)
Aus diesem Satz hat man die Regel abgeleitet, dass man Fleisch nicht zusammen mit Milch zubereiten und essen soll.

➡ Welche Speisen sind nach dieser Regel nicht koscher?

_____

_____

➡ Kannst du dir vorstellen, warum man das Böcklein nicht in der Milch seiner Mutter kochen soll?

_____

_____

_____

Erst mehrere Stunden nach dem Verzehr von Fleisch dürfen wieder Milchprodukte genossen werden, um sicherzustellen, dass kein Fleisch mehr im Magen ist. Nach Milchgenuss beträgt die Wartezeit bis zur nächsten Fleischmahlzeit nur eine halbe Stunde, weil Milch schneller verdaut wird. Die Trennung von Fleisch und Milch wird von besonders religiösen Juden so streng genommen, dass sie auf die gesamte Küche angewendet wird. Es gibt getrenntes Geschirr und Besteck, getrennte Töpfe, Küchentücher und Spülmaschinen.

➡ Überlege dir einige „milchige" und einige „fleischige" Lebensmittel und male sie auf den passenden Teller.

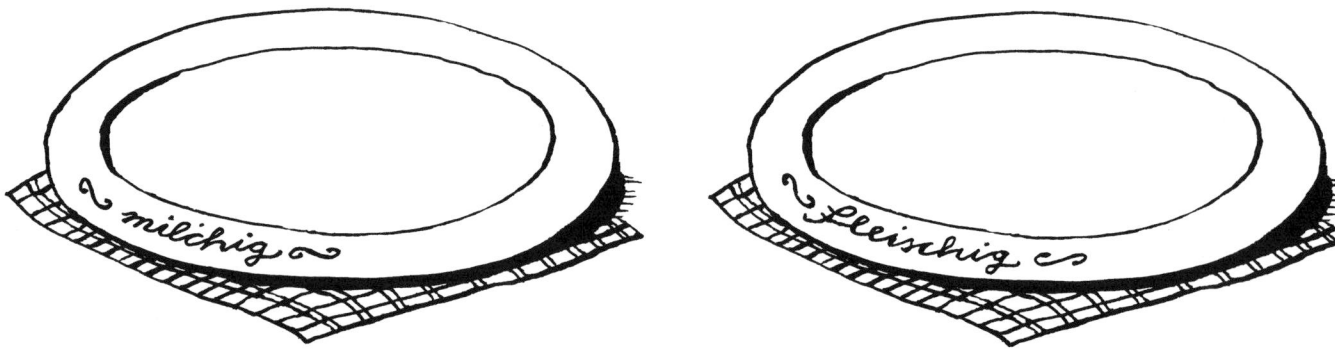

Pflanzliche Lebensmittel sind grundsätzlich erlaubt und dürfen sowohl mit Milch als auch mit Fleisch kombiniert werden. Beim Fleisch gibt es Einschränkungen. Nicht alle Tiere sind erlaubt. Außerdem muss das Tier auf eine bestimmte Art geschlachtet werden, sodass es kein Blut mehr enthält. Diese Art des Schlachtens nennt man „Schächten".

➡ Koscheres Fleisch enthält kein Blut. Nach jüdischer Auffassung ist der Verzehr von Blut streng verboten, weil das Blut als Sitz des Lebens gilt. Was denkst du über diese Vorstellung?

_____

_____

KASCHRUT – DIE SPEISEGEBOTE (2)

Koscher sind z. B.:	*Nicht koscher* sind z. B.:
Pflanzliche Lebensmittel, Rind, Hirsch, Fisch (außer Aal), Geflügel	Schwein, Kamel, Kaninchen, Krebstiere, Blut, Milch und Fleisch zusammen zu verzehren

➜ Schneide die Lebensmittel unten aus und klebe sie in die entsprechende Spalte der Tabelle.

➜ Suche dir drei Gerichte aus und erkläre, warum sie koscher oder nicht koscher sind.

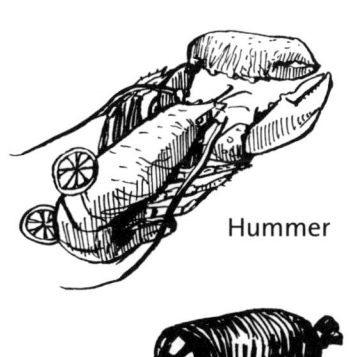

Hummer

ein Butterbrot mit Schinken

Salamipizza

Lasagne

ein Stück Sahnetorte

ein Apfel

Spaghetti Bolognese

ein Stück Blutwurst

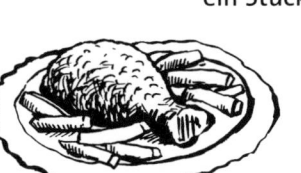

ein halbes Hähnchen
mit Pommes Frites

grüner Salat

ein Cappuccino
nach dem Sonntagsbraten

CHANUKKA, DAS TEMPELWEIHFEST

Jüdische Feste beziehen sich fast immer auf Ereignisse der jüdischen Geschichte, so auch das Chanukkafest. Im 2. Jahrhundert v. Chr. regierten auf dem Gebiet des heutigen Israel griechisch-syrische Herrscher, die Seleukiden. Sie wollten, dass möglichst viele Menschen die griechische Kultur und Religion annahmen. Deshalb besetzten sie den jüdischen Tempel, verwüsteten ihn und stellten dort Statuen von griechischen Göttern auf. Eine kleine Gruppe von Juden begann Widerstand zu leisten und schaffte es schließlich, den Tempel zu befreien. Diese Gruppe nennt man Makkabäer, ihr Anführer hieß Jehuda Makkabi. Nachdem die Makkabäer den Tempel zurückerobert hatten, entfernten sie die griechischen Statuen und räumten auf. Die Wiedereinweihung ihres Tempels feierten die Juden mit einem achttägigen Tempelweihfest. An diese Geschichte erinnert heute das Chanukkafest. Das hebräische Wort *Chanukka* bedeutet „Weihung".

Der letzte Tempel der Juden, der unter König Herodes (37–4 v. Chr.) erweitert worden ist, wurde im Jahre 70 n. Chr. endgültig zerstört. Nur eine große Mauer (Westmauer oder Klagemauer) ist stehen geblieben. Juden aus aller Welt kommen nach Jerusalem, um hier zu beten. Im Hintergrund ist der Felsendom zu sehen, ein Heiligtum des Islam. (Foto: dpa)

➡ Warum besetzten die seleukidischen Herrscher den jüdischen Tempel? Was wollten sie damit zeigen?

_____

_____

_____

➡ Warum war es für die Makkabäer wichtig, den jüdischen Tempel zu befreien?

_____

_____

_____

➡ Warum haben sie nach der Befreiung ein Fest gefeiert?

_____

_____

_____

EINWEIHUNG – ENTWEIHUNG

➡ Hast du schon mal etwas „eingeweiht" oder eine Einweihungsfeier miterlebt?
Was wurde dabei eingeweiht?

_____

_____

➡ Warum feiert man Einweihungen?

_____

_____

➡ Gibt es bestimmte Zeichen (Rituale, Geschenke), die zu einer Einweihung gehören? Welche?

_____

_____

➡ Was könnte das Wort „Entweihung" bedeuten?

_____

_____

_____

➡ Hast du schon mal erlebt, dass etwas, was dir sehr wichtig war, zerstört wurde? Was ist geschehen?
Was hast du dabei empfunden?

_____

_____

_____

➡ Male etwas, das dir sehr wichtig ist und von dem du dir wünschst, dass es nie entweiht wird.

DAS CHANUKKA-WUNDER

Das wichtigste Ritual zum achttägigen Chanukkafest ist das Anzünden der acht Lichter am Chanukka-leuchter. Jeden Abend wird ein Licht mehr angezündet, bis am letzten Tag acht Lichter brennen. Viele Chanukka-Leuchter haben ein neuntes Licht, das so genannte Helferlicht, mit dessen Hilfe die anderen Lichter angezündet werden.

Zum Anzünden der Lichter erzählt man sich folgende Legende:
Im Tempel in Jerusalem stand ein großer sieben-armiger Leuchter, die Menora, deren Lichter nur mit ganz reinem Öl angezündet werden durften. Nachdem die Makkabäer den Tempel aufgeräumt hatten und für ihr Weihfest die Lichter wieder an-zünden wollten, fanden sie nur noch einen einzigen *versiegelten Krug reinen Öls. Dieser enthielt gerade genug Öl, um die Lichter der Menora für einen Tag brennen zu lassen. Aber es geschah ein Wunder: Nachdem die Lichter an der Menora angezündet waren, brannte das wenige Öl volle acht Tage, bis die Priester neues Öl beschaffen konnten. Deswegen hat der Chanukkaleuchter acht Lichter und das Cha-nukkafest dauert acht Tage.*

➡ Einige Chanukkalieder und -bräuche beziehen sich auf das so genannte „Chanukka-Wunder". Sie enthalten häufig den Satz: ***Nes gadol haja scham.*** Dies ist Hebräisch und bedeutet „Ein großes Wunder ist dort geschehen." Welches Wunder ist wohl gemeint? Wenn du die Legende aufmerksam gelesen hast, weißt du es sicher schon.

_____

_____

_____

➡ Auf welchen Ort bezieht sich das Wort „dort"?

_____

➡ Die Juden in Israel sagen ***Nes gadol haja po.*** – „Ein großes Wunder ist **hier** geschehen." Warum?

_____

CHANUKKA, DAS LICHTERFEST

Der Leuchter, der beim jüdischen Chanukkafest verwendet wird, heißt *Chanukkia*. Er kann ganz verschiedene Formen haben. Wichtig ist nur: Eine Chanukkia hat acht Lichter, manchmal ein neuntes. Das neunte Licht ist das Helferlicht. Es wird dazu benutzt, die anderen acht Lichter anzuzünden. Die Lichter können Kerzen oder Öllampen sein.

➡ Eine Chanukkia könnt ihr leicht selbst basteln. Dafür klebt ihr z. B. acht Nussschalen nebeneinander auf ein Brett und stellt kleine Kerzen hinein. Statt der Nussschalen könnt ihr auch andere Dinge benutzen, z. B.:

Teelichter, kleine Blumentöpfe, _____ , _____ .

➡ Veranstaltet einen Wettbewerb: Wer bastelt die schönste, einfallsreichste, bunteste, ausgefallenste, größte,

kleinste, _____ , _____ Chanukkia?

➡ Wenn eure Leuchter fertig sind, könnt ihr ein richtiges achttägiges Chanukkafest feiern. Jeden Tag zündet ihr ein Licht mehr an: am ersten Tag eins, am zweiten Tag zwei, am dritten Tag drei, usw., bis am letzten Tag alle acht Lichter brennen. Wenn eure Chanukkia neun Lichter hat, darf das Helferlicht von Anfang an jeden Tag mitbrennen.

➡ Chanukka ist ein fröhliches Fest, das vor allem für die Kinder gefeiert wird. Die Familien sitzen zusammen, singen Lieder und lesen Geschichten vor. Es ist Brauch, den Kindern Geld und andere Geschenke zu geben. Gefeiert wird Chanukka im Dezember. Fallen dir Ähnlichkeiten zu christlichen Festen auf, die in derselben Zeit des Jahres stattfinden?

➡ Zum Chanukkafest isst man Speisen, die in Öl gebacken oder gebraten wurden, z. B. Krapfen, *Sufganiot* (hebräische Bezeichnung für Berliner Pfannkuchen) oder *Latkes* (Reibekuchen). Kannst du erklären, warum? Versuche herauszufinden, woran das Öl erinnert.

_____

_____

CHANUKKA: DAS DREIDELSPIEL

Ein beliebtes Spiel zu Chanukka ist das Dreidelspiel. Der Dreidel ist ein Kreisel mit vier Seiten, die die hebräischen Buchstaben Nun, Gimmel, Hej und Schin (N, G, H und S) zeigen. Sie stehen für den Satz *Nes gadol haja scham* – „Ein großes Wunder ist dort geschehen". Je nachdem, auf welche Seite der Kreisel fällt, bekommen oder verlieren die Mitspieler Rosinen, Nüsse, Plätzchen usw.

➡ Du kannst einen Dreidel selbst basteln. Male oder klebe den Grundriss auf etwas festeres Papier und schneide ihn aus. Klebe ihn zu einem Kreisel zusammen und stich einen Zahnstocher oder ein Streichholz (ohne Kopf) durch den Punkt.

➡ Wenn du magst, kannst du den Dreidel bunt bemalen. Vielleicht fallen dir Bilder oder Symbole ein, die mit Chanukka zu tun haben. Einfacher ist das Bemalen natürlich vor dem Zusammenkleben.

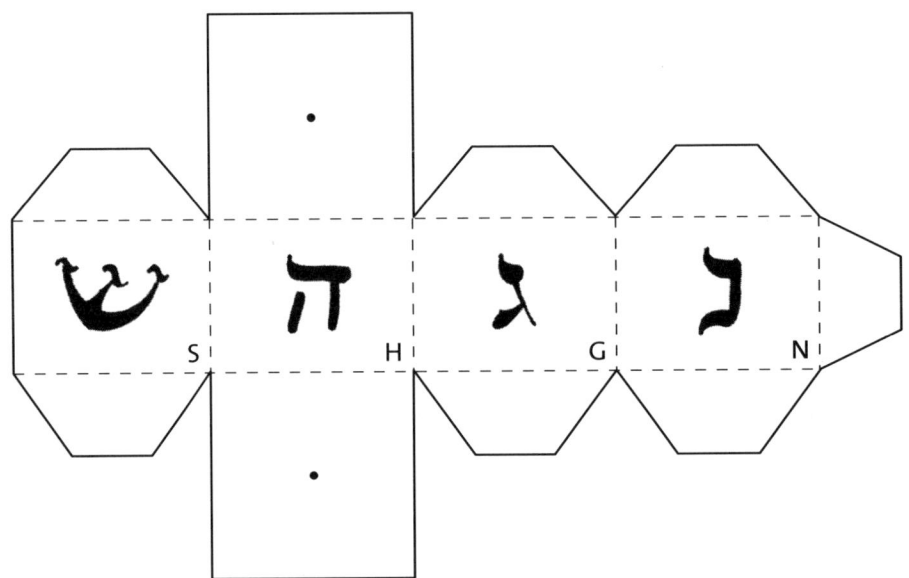

Spielanleitung:

Man spielt in kleinen Gruppen von drei bis fünf Spielern. Jeder Spieler hat sechs Nüsse (oder Rosinen, Kekse usw.), die er als Spieleinsatz verwenden kann. In die Mitte kommen vier bis acht Nüsse, je nach Spielerzahl. Nun wird reihum der Dreidel gedreht. Fällt der Dreidel so, dass auf der oben liegenden Seite der hebräische Buchstabe *Nun* (N) zu sehen ist, bekommt der Spieler oder die Spielerin nichts (N für „nichts"). Wenn *Gimmel* (G) oben liegt, bekommt er oder sie alle in der Mitte liegenden Nüsse, denn G steht für „gut". Ist oben das *Hej* (H) zu sehen, darf man sich die Hälfte der in der Mitte liegenden Nüsse nehmen (H für „Hälfte"). Wenn die obere Seite *Schin* (S) zeigt, hat der Spieler oder die Spielerin Pech gehabt: S steht für „setzen". Er bzw. sie muss zwei eigene Nüsse setzen, das heißt zu den anderen Nüssen in die Mitte legen. Das Spiel ist zu Ende, wenn einer der Mitspieler keine Nüsse mehr hat. Zum Schluss werden alle Nüsse gemeinsam gegessen.

DAS PESSACHMAHL

Der erste Abend des Pessachfestes wird in der Familie bei einem besonders üppigen Mahl mit bestimmten symbolischen Speisen und nach einem festgelegten Ablauf gefeiert. Man nennt ihn Sederabend, weil er nach einer genau vorgeschriebenen Ordnung begangen wird. *Seder* ist hebräisch und bedeutet „Ordnung". Für den Sederabend gibt es ein besonderes Buch, aus dem vor, während und nach der Mahlzeit vorgelesen und gesungen wird: die *Pessach-Haggada*. Die Haggada enthält den gesamten Festablauf und Erklärungen zu den verschiedenen Pessachbräuchen und -speisen. Die Texte und Lieder erzählen die Geschichte vom Auszug der Israeliten aus Ägypten, denn dieses Ereignis wird mit dem Pessachmahl gefeiert.

➡ Pessach-Haggadot (Mehrzahl von Haggada) gibt es in ganz verschiedenen Ausführungen und in vielen Sprachen. Manche sind mit Bildern reich verziert, manche wurden speziell für Kinder gestaltet. Ihr könnt selbst eine Haggada basteln. Malt Bilder, die die Geschichte vom Auszug aus Ägypten erzählen, schreibt Erklärungen dazu und heftet das Ganze zu einem Büchlein zusammen. Wenn ihr schon Pessachbräuche kennt, könnt ihr diese beschreiben und eure Texte mit in die Haggada heften.

Auf der festlich gedeckten Pessachtafel steht der Sederteller mit den traditionellen symbolischen Speisen:

• ungesäuertes Brot (Mazza),
• ein gebratener Lammknochen,
• grüne Kräuter,
• ein Schälchen Salzwasser,
• Bitterkräuter,
• süßes Mus,
• ein gekochtes Ei.

➡ Bastelt einen großen Pessachteller aus Pappe oder Ton oder nehmt einen alten Porzellanteller und schreibt darauf die verschiedenen Bestandteile des Pessachmahls.
Statt auf einen Teller könnt ihr auch Kreise auch auf ein Stück Stoff malen, das ihr als Tischdecke benutzt.

➡ Bereitet die Speisen zu und gebt sie auf den Teller oder die Tischdecke.
Nun könnt ihr zusammen Pessach feiern!
Hier noch einige Tipps:

• Für die grünen Kräuter nehmt ihr am besten Petersilie.

• Für das süße Mus mischt ihr Fruchtmus mit gemahlenen Nüssen und Mandeln. Dafür könnt ihr zum Beispiel frische Äpfel und Birnen und getrocknete Datteln oder Feigen in einer Küchenmaschine zerkleinern und mit gemahlenen Walnüssen zu einem braunen Brei verrühren. Eventuell gebt ihr etwas Orangensaft und Zimt hinzu und süßt das Ganze mit Honig.

• Als Bitterkraut wird meistens Meerrettich verwendet, den es fertig zu kaufen gibt. Vorsicht, nur in kleinen Mengen verwenden, denn er ist sehr scharf!

PESSACH: WAS IST ANDERS IN DIESER NACHT?

➡️ Während des Sederabends stellt das jüngste Kind am Tisch vier wichtige Fragen,
die im Verlauf des Abends beantwortet werden.
Hier sind Fragen und Antworten durcheinander geraten.
Kannst du die Antworten den Fragen richtig zuordnen?

Was ist anders in dieser Nacht?
Warum essen wir in allen anderen
Nächten gesäuertes und un-
gesäuertes Brot, aber in dieser
Nacht nur ungesäuertes Brot?

Als Sklaven konnten die Israeliten
beim Essen nicht bequem sitzen.
Aber an Pessach feiert man die
Befreiung! Bequemes, angelehntes
Sitzen ist ein Zeichen der Freiheit.

Warum essen wir in allen anderen
Nächten andere Kräuter, aber in
dieser Nacht Bitterkräuter?

Weil es den Israeliten in Ägypten so
schlecht ging, weinten sie viele
salzige Tränen.

Warum tauchen wir in allen anderen Nächten keine Speise in
Salzwasser, aber in dieser Nacht
gleich zweimal?

Als die Israeliten aus Ägypten flohen, hatten sie keine Zeit mehr,
Sauerteig herzustellen. Deswegen
konnten sie nur ungesäuertes Brot
mitnehmen.

Warum essen wir in allen anderen
Nächten angelehnt oder nicht
angelehnt sitzend, aber in dieser
Nacht alle angelehnt?

Die Zeit in Ägypten war für die
Israeliten bitter. Sie mussten als
Sklaven harte Arbeit leisten.

DER ABLAUF DES SEDERABENDS

Nach dem Kerzenanzünden durch die Frau und dem Besuch der Synagoge beginnt das eigentliche Sedermahl nach folgender Ordnung:

1. Überprüfung durch den Sederleiter (meist der Vater der Familie), ob alle notwendigen Symbole bzw. Speisen vorhanden sind

2. Eröffnung mit Segensspruch und Dankesspruch für den Feiertag, Trinken des ersten Bechers Wein

3. Händewaschen des Sederleiters

4. Eintauchen der grünen Kräuter in das Salzwasser und Verzehr

5. Zeigen des ungesäuerten Brots und Erläuterung seiner Bedeutung durch den Sederleiter

6. Der Jüngste (oder mehrere Kinder) stellt die vier Fragen, die mit „Was ist anders in dieser Nacht?" beginnen. So wird der Sinn der vier Pessachbräuche erkundet.

7. Beantwortung der Fragen durch Lesen aus der Pessach-Haggada. Die vorgelesenen Texte beziehen sich auf den Auszug aus Ägypten.

8. Singen der Psalmen 113 und 114, Dankspruch für die Erlösung aus der ägyptischen Sklaverei, Trinken des zweiten Bechers Wein

9. Händewaschen und Segensspruch

10. Teilen des ungesäuerten Brots durch den Sederleiter, Verzehr durch alle Teilnehmer

11. Verzehr von Bitterkräutern, süßem Mus und gekochtem Ei

12. Festmahl

13. Ein Stück ungesäuertes Brot wird versteckt und von den Kindern gesucht. Wenn sie es finden, bekommen sie Süßigkeiten.

14. Tischdankgebet, Segensspruch, Trinken des dritten Bechers Wein

15. Singen der Psalmen 115, 116, 117 und 136

16. Segensspruch zum Abschluss des Sederabends, Trinken des vierten Bechers Wein

17. Singen verschiedener traditioneller Pessachlieder

➡ Um den Sederabend zu feiern, benötigt ihr noch mehrere Texte. Manche – z.B. die Psalmen – findet ihr in der Bibel. Andere könnt ihr auch selbst schreiben – z.B. die Dankessprüche. Bildet Gruppen. Jede Gruppe bereitet einen Text vor und gestaltet dazu ein Poster oder ein Blatt mit einem Lied. Hier kannst du deine Ideen dazu aufschreiben oder malen:

DER WEG IN DIE FREIHEIT

Das Pessachfest ist ein Fest der Freiheit. Es erinnert an die Befreiung der Israeliten von der Sklaverei in Ägypten und an ihren Auszug durch das Rote Meer. Auch für Christen spielt diese Geschichte aus der jüdischen Bibel eine wichtige Rolle (vgl. Exodus 12).

(Abb. aus: Pokrandt, A. / Hermann, R., Elementarbibel. Verlag Ernst Kaufmann, Lahr 1998)

➔ Stell dir vor, du wärst das Kind in der ersten Reihe. Schreibe eine Geschichte aus der Sicht dieses Kindes.

_____

_____

_____

_____

_____

_____

_____

_____

_____

➔ Welche Gefahren drohten den Israeliten auf ihrem Weg in die Freiheit?

_____

_____

➔ Wo leben heute Menschen in Abhängigkeit? Wie können sie sich befreien?

_____

_____

PAPA, WAS IST DER ISLAM?

RELIGION

Aus dem Islam

Die Schreckensbilder vom 11. September 2001 haben auch vor unseren Kindern nicht Halt gemacht. Die Kommentare in Funk und Fernsehen zu den Terroristen und ihrer Zugehörigkeit zur arabischen und islamischen Welt beschäftigen und beunruhigen sie. Meine jüngere Tochter fragte mich:

– Papa, bin ich Muslimin?

– Ja, genau wie deine Eltern.

– Bin ich auch Araberin?

– Ja du bist Araberin, auch wenn du nicht Arabisch sprichst.

– Aber du hast doch im Fernsehen gesehen: Die Muslime sind bösartig, sie haben viele Menschen getötet, ich will keine Muslimin sein.

– Und? Was willst du nun tun?

– In der Schulkantine werde ich jetzt auch Schweinefleisch essen.

– Wie du willst. Aber bevor du aufhörst, eine Muslimin zu sein, muss ich dir erst erklären, dass die Bösen, von denen du redest, keine wahren Muslime sind. [...]

– Allah untersagt, genau wie der Gott der Juden und der Christen, sich selbst zu töten, also den Selbstmord. Er untersagt auch, andere Menschen zu töten. Deshalb sind diese Leute, die in Flugzeuge gestiegen sind, die Piloten mit Messern umgebracht und die Maschinen in die Hochhäuser in New York gelenkt haben, Ignoranten, die die islamische Religion nicht kennen. [...]

Sie schaden damit ihren Familien, dem Islam und allen Muslimen. Das ist keine Religion mehr, die dahinter steht, denn keine Religion fordert das Töten Unschuldiger. Islam bedeutet, „sich dem Frieden unterordnen". [...]

– Wusstest du als Kind, dass du ein Muslim bist?

– Ja, ich wurde in einer Familie geboren, in der ich meine Mutter und meinen Vater regelmäßig ihre Gebete verrichten sah. [...]

– Eines Tages hat er [mein Vater] meinen Bruder und mich zu sich gerufen und uns gesagt: „Meine Söhne, ihr seid im Islam geboren, ihr schuldet euren Eltern und Gott Gehorsam. Aus Prinzip müsst ihr die fünf täglichen Gebete verrichten und den Fastenmonat Ramadan einhalten. Im Islam gibt es aber keinen Zwang. [...]

Das Wesentliche ist, weder zu stehlen, noch zu lügen, noch auf Schwache und Kranke einzuschlagen, keinen Verrat zu begehen, die Besitzlosen nicht zu beschämen, seine Eltern nicht zu misshandeln und vor allem keine Ungerechtigkeit zu begehen. Das ist es, meine Söhne, den Rest müsst ihr selbst herausfinden. Ich habe meine Pflicht getan. Es ist nun an euch, ein Leben in Würde zu führen."

(aus: Tahar Ben Jelloun: Papa, was ist der Islam? Gespräch mit meinen Kindern. © Berlin Verlag 2002)

➡ Tahar Ben Jelloun, ein französischer Schriftsteller aus Marokko, hat nach dem Attentat vom 11. September 2001 in New York in einem Buch Gespräche mit seiner Tochter über den Islam aufgeschrieben. Was könnte ihn dazu bewegt haben?

➡ Schreibe einen Brief, in dem die Tochter ihrer christlichen Klassenkameradin erklärt, was sie von ihrem Vater über den Islam erfahren hat.

➡ Lest den Auszug aus dem Buch mit verteilten Rollen.

➡ Überlegt euch ein ähnliches Gespräch über das Christentum.

NICHT KOMISCH – NUR ANDERS

In der Straße, wo Ibrahim wohnt, ist kein Platz zum Spielen. Gärten gibt es nicht, und vor den Häusern stehen lauter Autos. Isse wohnt in einem Hochhaus in einem Neubauviertel. Und da ist auch ein Spielplatz. Aber Ibrahim wohnt näher an der Schule, und deshalb spielen sie oft auf dem Schulhof. Die meisten Kinder sind jetzt irgendwo im Urlaub. [...]

Eines Tages spielen Isse und Ibrahim wieder Malakif. Danach bringt Ibrahim Isse noch ein paar andere Spiele mit Steinchen bei. Da kommt eine Frau mit einem kleinen Jungen auf den Schulhof. „Was sieht die Frau komisch aus", denkt Isse. Die Frau hat ein langes Kleid an und ein Kopftuch um. Isse stößt Ibrahim an und sagt. „Guck mal, wie ..." Er wollte sagen: „... wie komisch die Frau aussieht." Aber als Ibrahim die Frau sieht, geht er sofort auf sie zu. Die Frau sagt Ibrahim irgendetwas und gibt ihm eine Einkaufstasche und ein Portemonee. Isse versteht kein Wort. „Das ist bestimmt die Sprache von Marokko", denkt er. Die Frau geht wieder weg, und Ibrahim sagt: „Ich muss einkaufen."

„Ist das deine Mutter? Und dein kleiner Bruder?", fragt Isse. Ibrahim nickt. Auf dem Weg zum Supermarkt sagt Isse: „Komisch, dass deine Mutter ein Kopftuch um hat bei diesem warmen Wetter."

„In unserem Dorf in Marokko tragen alle Frauen Tücher, und da ist es noch viel wärmer. Sie haben da auch ein Tuch vor dem Gesicht, wenn sie auf die Straße gehen, weil sie nicht mit nacktem Gesicht draußen laufen dürfen."

„Na, das finde ich aber echt komisch, du", sagt Isse.

„Ich finde hier in Deutschland ganz viel komisch", sagt Ibrahim ein bisschen böse.

„O ja?", fragt Isse erstaunt. „Was denn?"

„Die Leute hier haben es immer eilig. Sie reden und lachen beinahe nie auf der Straße. Und wenn man zu jemandem hingeht, muss man erst klingeln. Bei uns

in Marokko kann man einfach bei jedem reingehen. Und ich finde die großen Jungen und Mädchen mit grünen und orangenen und gelben Haaren komisch."

„Das sind Punker", sagt Isse. „Die finde ich auch komisch."

Als sie in den Supermarkt gehen, denkt Isse: „Was ist eigentlich komisch, und was ist eigentlich normal?" Er weiß es nicht mehr. Zusammen suchen sie die Dinge, die auf dem Einkaufszettel stehen.

„Warum geht deine Mutter nicht selber einkaufen?", fragt Isse.

„Ich muss manchmal Brot kaufen beim Bäcker, aber meine Mutter geht immer selber zum Supermarkt."

„Meine Mutter kann kein Deutsch", sagt Ibrahim.

„Aber kann sie denn dann schreiben?"

„Mein Vater hat den Einkaufszettel geschrieben. In unserem Dorf in Marokko lernen die Frauen nicht lesen und schreiben."

„Was?" Beinahe hätte Isse wieder „komisch" gesagt. Sie stehen jetzt bei der Kasse. Ibrahim passt gut auf, wie viel er bezahlen muss. Er kann schon gut mit Geld umgehen. Besser als Isse. Zusammen tragen sie die Einkaufstasche zu Ibrahims Mutter nach Hause. Sie lacht und schenkt jedem einen leckeren Bonbon. Als er Ibrahim und seine Mutter miteinander reden hört, denkt Isse: „Das ist bestimmt eine ganz schwierige Sprache. Ein Glück, dass ich das nicht in der Schule zu lernen brauche! Ob unsere Sprache für Ibrahim auch so schwierig ist?"

Zu Hause erzählt Isse seiner Mutter, was er komisch findet bei den Leuten aus Marokko und was Ibrahim in Deutschland komisch findet. [...]

(Bauke Offringa: Nicht komisch, nur anders.
In: Vorlesebuch Fremde Religionen, Bd. 1, Judentum und Islam, hrsg. von Monika und Udo Tworuschka.
© Kaufmann 1988, S. 420 f.)

Isse hat sich an diesem Tag über einige Dinge gewundert, hat manches gedacht, was er dann lieber doch nicht gesagt hat, ist nachdenklich geworden. Jetzt muss er erst einmal alles bei seiner Mutter loswerden.

➡ Wie könnte das Gespräch zwischen Isse und seiner Mutter verlaufen? Schreibe es so auf:

Isse: _____

Mutter: _____

_____

_____

_____

➡ Fallen dir Situationen ein, in denen es dir ähnlich wie Isse erging?
Schreibe eine eigene Geschichte zum Thema: „Nicht komisch – nur anders".

FLIESEN – FAST WIE IN EINER MOSCHEE

Das Islamische Gotteshaus nennt man Moschee. Moscheen sind innen oft mit sehr dekorativen und wertvollen Fliesenmalereien ausgestattet. Muslime halten sich sehr streng daran, dass es dem Menschen nicht erlaubt ist, sich ein Bild von Gott zu machen. Auch Darstellungen von Menschen findet man in Moscheen nicht. Dafür gibt es aber wunderbare Zeichnungen von Pflanzen und Tieren. Die schönsten Fliesen, die oft zu riesigen Wandbildern zusammengesetzt sind, zeigen „Paradiesbilder" aus Blütenzweigen und Weinranken, in denen prachtvolle Vögel sitzen.

Sie sind in schönen und leuchtenden Farben gemalt. Die wichtigste Farbe ist Blau. Oft wird daneben Gold verwendet. Auch mit arabischen Schriftzeichen werden Moscheen ausgeschmückt. In kunstvoll gestalteter Schrift kann man Suren aus dem Koran oder den Namen Allahs an den Wänden lesen. Hier siehst du zwei Beispiele:

➜ Vielleicht findet ihr in Reiseprospekten, Religionsbüchern oder im Lexikon noch mehr solcher Abbildungen. Ihr könnt sie kopieren, ausschneiden und auf die Rückseite kleben.

Und hier seht ihr Fliesen, die von Schülern gestaltet wurden:

➜ Vielleicht hast du jetzt selbst Lust bekommen, eine solche Fliese zu gestalten.
Zeichne ein Quadrat von ca. 12 x 12 cm auf ein weißes Blatt und zeichne erst mit Bleistift, dann mit Bunt- oder Filzstiften den Entwurf für eine eigene Fliese. Vielleicht bekommst du irgendwoher echte weiße oder helle (einfarbige) Fliesen, die du dann mit Porzellanfarbe, wasserfesten Folienstiften oder mit Lackstiften in „fast echte" Fliesen einer Moschee verwandeln kannst.

WAS GEHÖRT ZU EINER MOSCHEE?

Das Gebäude, in dem sich Muslime zum Beten treffen, nennt man Moschee. Wie eine christlichen Kirche oder eine jüdische Synagoge hat auch eine Moschee bestimmte Merkmale.

➡ Betrachte die Abbildung. Sie hat einige Lücken. Unten findest du die Dinge, die in die Lücken gehören. Du kannst sie ausschneiden und an die richtige Stelle kleben.

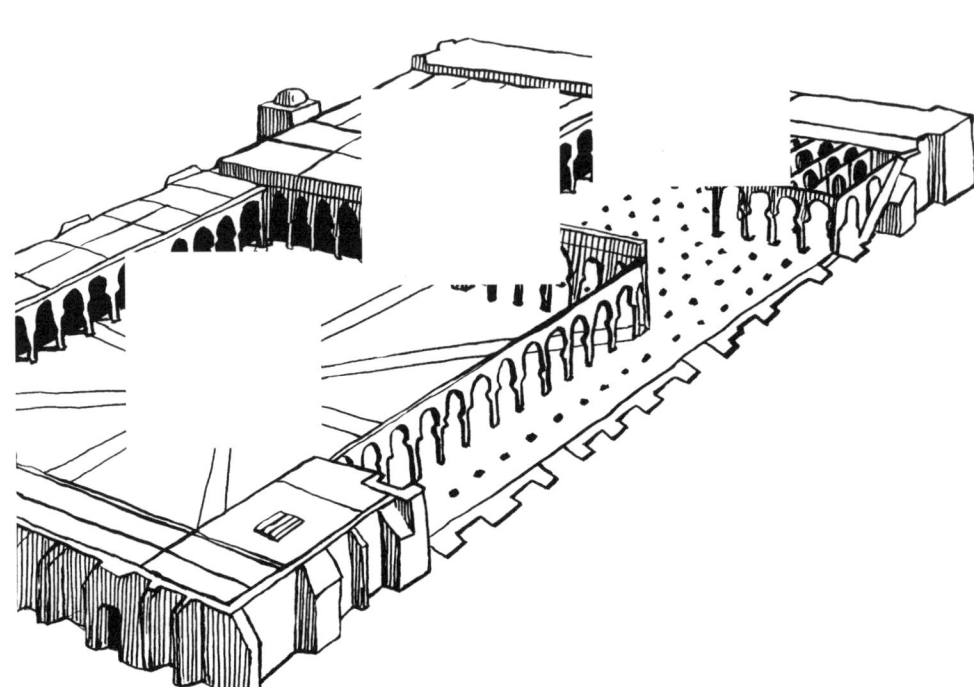

Vor dem Gebet in einer Moschee wäscht man sich an einem Brunnen (*Wudu*).

Mihrab, die Gebetsnische, zeigt an, in welcher Richtung Mekka liegt.

Die Kanzel auf der der *Imam* (Vorbeter) steht, heißt *Minbar*.

Minarett nennt man den Turm, von dem aus der *Muezzin* zum Gebet ruft.

DER KORAN

Der Koran ist das heilige Buch der Muslime. Nach muslimischer Vorstellung wurde er dem Propheten Mohammed vor über 1300 Jahren von Gott offenbart.
(Foto: Henrik Pohl, Berlin)

➡ Lies dazu das folgende Gespräch zwischen einem in Frankreich lebenden Muslim und seiner Tochter:

– Was ist eine *Offenbarung*?
– Etwas, das sich zeigt und offensichtlich wird wie die Wahrheit, nach der man sucht. Wenn sie erscheint, sagt man: „Es ist offenbar." Mohammed wird das Wort Gottes verkünden. Mehrere Jahre lang werden seine Gefährten und Freunde es aufschreiben. Dann wird ein Buch daraus, das Buch des Islam, der Koran.
– Was bedeutet das Wort *Koran*?
– Es kommt von dem arabischen Wort *qur'an*, was so viel heißt wie „lesen, rezitieren". Zweiundzwanzig Jahre lang empfängt Mohammed dieses auf seine Art einzigartige Buch Satz um Satz, später wird man sagen, Vers um Vers. Daraus werden dann Suren, das heißt Kapitel. Der Überbringer der Botschaft Gottes ist der Engel Gabriel, der Mohammed als riesiges blendendes Licht erscheint.

(aus: Tahar Ben Jelloun: Papa, was ist der Islam? Gespräch mit meinen Kindern. © Berlin Verlag 2002)

➡ Unterstreiche die Wörter im Text, die etwas über die Eigenschaften des Koran aussagen.

➡ Kennst du Bücher aus anderen Religionen, die mit ähnlichen Begriffen in Verbindung gebracht werden?

_____

_____

➡ Weißt du, wovon diese Bücher handeln?

_____

_____

➡ Kannst du dir vorstellen, wovon der Koran handelt?

_____

_____

➡ Was meinst du, warum der Koran als heilig gilt?

_____

_____

DREI-SPRACHEN-RÄTSEL

Der Koran, das heilige Buch der Muslime, ist in arabischer Sprache geschrieben. Dies ist eine sehr alte Sprache, die heute noch von vielen Menschen auf der Erde gesprochen wird. Die meisten Muslime müssen Arabisch jedoch erst als Fremdsprache lernen. Arabisch ist verwandt mit der hebräischen Sprache. Vielleicht weißt du schon, dass die jüdische Bibel in Hebräisch geschrieben ist. Hier findest du eine Liste mit hebräischen Wörtern und ihrer deutschen Bedeutung.

➡ Finde heraus, wie diese Wörter auf Arabisch heißen. Unter der Tabelle stehen alle arabischen Wörter. Sie ähneln sehr stark den hebräischen. Wenn du ähnlich klingende Wörter den hebräischen zuordnest, erhältst du schließlich ein kleines deutsch-hebräisch-arabisches Wörterbuch! Male zu jedem Wort ein passendes Bild.

Bild	Deutsch	Hebräisch	Arabisch
	Sonne	Schemesch שמש	ــــــ شمس
	Himmel	Schamaim שמיים	ــــــ سماء
	Wasser	Maim מיים	ــــــ ماء
	Kamel	Gamal גמל	ــــــ جمل
	Frieden	Schalom שלום	ــــــ سلام
	Eins	Achat אחת	ــــــ واحد
	schreiben	Katav כתב	ــــــ كتب

Arabische Wörter: Wachad, Dschamal, Maa, Schams, Katab, Salam, Samaa

ISLAMISCHE ÜBERLIEFERUNG – HADITHE

Der Koran, das heilige Buch der Muslime, ist für sie das Wort Gottes. Hier finden sie Antworten auf viele Fragen und Hinweise, wie sie ein Leben als gute Muslime führen können. Manche Dinge sind jedoch besser zu verstehen, wenn man sie nicht nur lesen muss, sondern auch gezeigt bekommt. Deswegen hat Mohammed den Menschen vorgelebt, wie sich ein guter Muslim verhalten sollte. Für Muslime heute ist es daher sehr wichtig zu wissen, wie ihr Prophet Mohammed vor über 1300 Jahren gelebt hat.

▶ Kennst du noch weitere Menschen, deren Leben zum Vorbild für andere geworden ist?

_____

_____

Nachdem Mohammed gestorben war, erzählten die Muslime, mit denen er noch selbst gesprochen hatte, die Geschichten über sein Leben anderen. Menschen, die die Geschichten hörten, gaben sie wiederum weiter. So wurden die Berichte eine Zeit lang mündlich überliefert. Schließlich begannen einige Muslime, die Mohammed nicht mehr persönlich gekannt hatten, diese Geschichten aufzuschreiben. Um zu zeigen, dass sie sie nicht einfach frei erfunden hatten, schrieben sie jeweils am Anfang einer Begebenheit genau auf, wer sie ihnen erzählt hatte, und von wem dieser wiederum die Geschichte gehört hatte.

Diese mündlich überlieferten Geschichten, die erst später aufgeschrieben wurden, nennt man *Hadithe*. Hadith ist Arabisch und bedeutet „Bericht". Alle Hadithe zusammen bilden die *Sunna*. Das heißt „gewohnte Handlungsweise" oder „Tradition". Die Hadithe sind eine wichtige Ergänzung zum Koran. Sie beschreiben, wie Mohammed gelebt hat, wie er in bestimmten Situationen reagierte und welche Antworten er auf die Fragen seiner Anhänger gab. Wenn ein Muslim heute vor einem unlösbaren Problem steht und auch im Koran keine Antwort findet, kann er in den Hadithen nachlesen, wie Mohammed in einer ähnlichen Situation gehandelt hat oder was der Prophet für solche Fälle seinen Anhängern riet.

Es gibt viele Tausende solcher Hadithe, die über mehrere Jahrhunderte aufgeschrieben wurden. Islamische Gelehrte haben sie in Sammlungen zusammengestellt. Eine wichtige Aufgabe der Gelehrten bestand darin zu prüfen, welche Hadithe echt waren und welche nicht.

▶ Was ist ein Hadith?

_____

_____

_____

▶ Was steht am Anfang eines Hadith?

_____

_____

_____

▶ Warum war den Menschen, die die Hadithe aufschrieben, dieser Anfang wichtig?

_____

_____

_____

DIE HIMMELSREISE MOHAMMEDS (1)

➡️ Im Koran und in den Hadithen tauchen oft Personen auf, die dir eventuell aus jüdischen und christlichen Texten schon bekannt sind. Lies die folgende Geschichte aus dem Leben Mohammeds und unterstreiche Namen, die du schon kennst.

Die Nachtreise

[...]

Abdallah, der Sohn des Mas'du, pflegte Folgendes zu erzählen:

Dem Propheten wurde Buraq gebracht. Dies ist das Reittier, auf dem auch die Propheten vor ihm geritten waren und das seinen Huf bei jedem Schritt so weit setzt, wie sein Blick reicht. Er wurde auf das Reittier gehoben, und Gabriel begleitete ihn, wobei er die Wunder zwischen Himmel und Erde sah, bis er nach Jerusalem gelangte. [...]

Die Himmelsreise

Jemand, dessen Aussagen ich nicht in Zweifel ziehe, hat mir die folgenden Worte Mohammeds erzählt, wie er sie von Abu Sa'id al-Chudri überliefert bekommen hat:

Nachdem ich in Jerusalem gebetet hatte, wurde mir eine Leiter gebracht, so schön, wie ich sie noch nie gesehen hatte. [...] Gabriel ließ mich auf ihr hinaufsteigen, bis er mich zu einem der Himmelstore brachte. [...] Ich aber trat in den untersten Himmel ein und sah dort einen Mann sitzen, an dem die Seelen der verstorbenen Menschen vorüberzogen. [...] „Wer ist dies?", fragte ich Gabriel, und er erklärte mir: „Dies ist dein Vater Adam, an dem die Seelen seiner Nachkommen vorüberziehen. Die Seelen der Gläubigen darunter erfreuen ihn [...], während die Seelen der Ungläubigen seine Abscheu und seinen Widerwillen erregen. [...]

Sodann brachte er mich hinauf in den zweiten Himmel, und siehe, da waren die beiden Vettern Jesus, der Sohn der Maria, und Johannes, der Sohn des Zacharias. Und er brachte mich hinauf in den dritten Himmel, und dort war ein Mann mit einem Gesicht so schön wie der Vollmond. Ich fragte Gabriel, wer dies sei, und er sprach: „Dies ist dein Bruder Joseph, der Sohn Jakobs!" Und er brachte mich in den vierten Himmel, wo ein Mann war, von dem Gabriel mir sagte, es sei Idris. Und er brachte mich in den fünften Himmel; dort war ein Mann in reifem Alter mit weißem Haar und einem mächtigen weißen Bart. Nie habe ich einen schöneren Mann gesehen. „Wer ist dies?", fragte ich wieder Gabriel, und er gab mir zur Antwort: „Dies ist der Vielgeliebte in seinem Volk, Aaron, der Sohn des Imran."

Und er brachte mich in den sechsten Himmel; dort war ein Mann von dunkler Farbe, großem Wuchs und mit einer gekrümmten Nase [...]. Als ich Gabriel nach ihm fragte, erklärte er mir, dass dies Moses, der Sohn des Imrans, war. Und er brachte mich in den siebenten Himmel; dort sah ich einen Mann in reifem Alter auf einem Stuhl am Tore zum Paradiese sitzen [...]. Nie habe ich einen Mann gesehen, der mir ähnlicher war, und Gabriel sprach: „Dies ist dein Vater Abraham!"

(aus Ibn Ishaq: Das Leben des Propheten. Aus dem Arabischen übertragen und bearbeitet von Gernot Rotter)

➡️ Teile den Text in Abschnitte ein und nummeriere sie. Dann gib jedem Abschnitt eine passende Überschrift.

① _____

_____

_____

_____

_____

_____

_____

DIE HIMMELSREISE MOHAMMEDS (2)

➔ Markiere im Text von S. 44 alle Personen in der Geschichte, die mit gleichem oder ähnlichem Namen auch in der Bibel einen Rolle spielen. Wähle eine von ihnen aus. Was weißt du über diese Person?

_____

_____

_____

➔ Was wird in der Geschichte aus Mohammeds Leben über diese Person gesagt?

_____

_____

_____

➔ Die Geschichte von Mohammeds Himmelsreise beginnt in Jerusalem.
Was weißt du über diese Stadt?

_____

_____

_____

➔ Das auffälligste Gebäude in Jerusalem ist der Felsendom. Er ist von außen mit blauen Mosaiken verziert und hat eine große, leuchtend goldene Kuppel. In seinem Inneren befindet sich ein großer Felsen. Man sagt, dass Mohammed von hier aus seine Himmelsreise angetreten hat. Der ganze Bereich um den Felsendom gilt als der drittheiligste Ort des Islam. Weißt du schon, welches die beiden anderen heiligen Orte des Islam sind?

_____

_____

➔ Male dieses Fassadenelement des Felsendoms mit entsprechenden Farben aus.

MOHAMMED – WER IST DAS?

Für Muslime ist Mohammed der wichtigste aller Propheten. Sie erkennen auch Abraham, Jakob, Isaak, Moses und Jesus als Propheten von großer Bedeutung an, aber der einflussreichste ist Mohammed, der Begründer des Islam.

Über sein Leben weiß man einiges:
Er wurde im Jahre 570 n.Chr. in der Stadt Mekka in Arabien geboren. Seine Eltern starben, als Mohammed erst sechs Jahre alt war. Glücklicherweise nahmen ihn Verwandte auf. Mit zwölf Jahren begann er bei seinem Onkel den Beruf des Kaufmanns zu erlernen. Er war sehr fleißig und als Kaufmann erfolgreich, gleichzeitig aber auch ein sehr ehrlicher Mensch, dem man großes Vertrauen entgegenbrachte. Eine wohlhabende Kaufmannswitwe – die 40-jährige, ebenfalls erfolgreiche Chadidscha – verliebte sich in den mittlerweile 25-jährigen Mohammed und heiratete ihn. Sie lebten viele Jahre glücklich zusammen und hatten mehrere Kinder. Nun hätte er mit seiner Familie ein Leben in Wohlstand und Zufriedenheit führen können, doch alles kam anders. Manchmal störte ihn die Geschäftigkeit und der Lärm der Stadt und es zog ihn hinaus in die Ruhe und Einsamkeit der Natur. Der Berg Hira war für viele Menschen seiner Zeit, die nach Ruhe und innerer Einkehr suchten, ein Ort von besonderer Bedeutung. Hier hielt auch Mohammed sich viele Stunden auf.

Zur damaligen Zeit verehrten die Menschen viele verschiedene Götter. Mohammed störte diese Form des Glaubens zunehmend; er spürte immer deutlicher die Gegenwart eines einzigen Gottes, des allmächtigen Allah, neben dem keine andere Gottheit angebetet werden durfte, wie ihm klar wurde. Es war im Jahre 610, als Mohammed nach islamischem Glauben in der Abgeschiedenheit des Berges Hira Gottes Botschaft empfing. Er sah und hörte durch den Engel Gabriel, was Allah, der eine allmächtige Gott, ihm mitzuteilen hatte. Man nennt solche Mitteilungen auch Offenbarungen. Zunächst erzählte Mohammed nur seiner Frau und einigen seiner engen Vertrauten von seinen Erlebnissen. Sie unterstützten ihn beim Sammeln der Worte und Sprüche, indem sie sie auswendig lernten und aufschrieben. Die Offenbarungen Gottes, die Mohammed durch den Engel Gabriel erhalten hat, stehen im Koran.

Als Mohammed anfing, einem größeren Publikum von seinen Erfahrungen mit Gott zu berichten, glaubten ihm zunächst nur wenige; viele lachten ihn aus, besonders seine reichen Geschäftsfreunde. Es ging so weit, dass man sein Geschäft boykottierte und er sogar angegriffen wurde. Mohammed musste fliehen.

Er und seine Anhänger zogen am 15. Juli 622 n. Chr. von Mekka nach Medina. Mit diesem Datum beginnt die islamische Zeitrechnung. Hier gründete Mohammed die erste islamische Gemeinde, die sehr bald wuchs. Er wurde in Medina zum religiösen Führer. Zu dieser Zeit hoffte er, Juden und Christen für die islamische Glaubensrichtung gewinnen zu können. Die neue Gemeinde musste bald gegen Angriffe aus Mekka verteidigt werden. Erst nach langen Kämpfen gelang es Mohammed und seinen Anhängern, sich mit den Gegnern aus Mekka zu einigen.

Im Jahre 630 konnte Mohammed nach Mekka zurückkehren. Nachdem er erkannt hatte, dass er Juden und Christen nicht von seinem Glauben überzeugen konnte, erklärte er Mekka zur Heiligen Stadt des Islam.

Der neue Glaube fand sehr schnell große Verbreitung. Als Mohammed im Jahre 632 starb, hatte er schon fast die ganze arabische Halbinsel für den Islam gewonnen.

Mohammed ist für die Muslime der wichtigste Prophet. Deshalb wird er in der *Schahada*, ihrem Glaubensbekenntnis, genannt. (Es lautet: *Es gibt keinen Gott außer Gott. Mohammed ist der Prophet Gottes.*)

➡ Zeichne in dein Heft eine Tabelle, in die du die Jahreszahlen, Orte und die dazugehörigen Ereignisse einträgst. Schreibe das Lebensalter Mohammeds jeweils dazu.

➡ Wie stellt ihr euch die Städte Mekka und Medina vor? Sucht in Reiseprospekten oder im Internet nach Abbildungen und klebt sie auf bzw. zeichnet eure eigenen Vorstellungen auf die Blattrückseite.

➡ In welchem arabischen Staat liegen die beiden Städte heute?

DAS GEBET IM ISLAM

Alles will gelernt sein!

Bei der Tante meiner Freundin habe ich das Beten gelernt. Sie trug immer schöne lange Kleider, die ihre Arme und Beine bedeckten.

Als meine Freundin Yslim mir eines Tages vorschlug, gemeinsam ihre Tante zu besuchen, stimmte ich gern zu. Seit diesem Tag trafen wir uns häufig bei ihrer Tante und sie lehrte uns muslimische Gebete. Schon als kleines Kind wollte ich immer möglichst viele Pflichten unseres Glaubens erfüllen. Das Gebet gehört zu diesen wichtigen Pflichten, man nennt es deshalb auch den „Schlüssel zum Paradies". Fünfmal am Tag soll man beten: vor Sonnenaufgang, am Mittag, am Nachmittag, kurz nach dem Sonnenuntergang und vor dem Schlafengehen.

Zum Beten gingen wir nicht in die Moschee, weil es bei der Tante meiner Freundin viel ruhiger war und wir dort besser lernen konnten.

Vor dem Beten mussten wir uns immer nach den Reinlichkeitsregeln waschen, denn Menschen, die unrein sind, können nicht zu Allah beten. In den meisten Häusern gibt es für das Waschen vor dem Beten einen speziellen Wasserhahn aus verzinktem Kupfer, der heißt *hanafiya*. Erst wenn wir alle Kör-

perteile dreimal gewaschen hatten, konnten wir mit dem Beten beginnen. Wir beteten immer barfuß und nahmen bestimmte Gebetshaltungen ein. Am Anfang standen wir auf dem Gebetsteppich nach Mekka gewandt, dann legten wir die Hände ans Gesicht, wendeten uns von der Umwelt ab und waren ganz nah bei Allah. Indem wir uns verbeugten, zeigten wir unsere Demut vor Allah. Dankbarkeit drückten wir aus, wenn wir auf der Erde knieten, die uns ernährt. Wir berührten mit der Stirn den Boden und zeigten damit symbolisch: Wir geben uns Allah hin. Am Ende des Gebets blickten wir zur Seite mit einem Friedensgruß an den Schutzengel. Meine Freundin und ich standen immer einige Schritte hinter der Tante. Sie betete in jeder Haltung dreimal auf arabisch: „Allah ist der Größte." Am Ende beteten wir gemeinsam das Glaubensbekenntnis: „Es gibt keinen Gott außer Allah und Mohammed ist sein Prophet." Das klingt alles sehr einfach und sieht auch so aus, wenn man es schon kann, aber bei mir wird es noch einige Zeit dauern, bis ich alles richtig mache und arabische Gebete frei sprechen kann.

➡ Lies dir den Text genau durch und versuche dann zu jeder Gebetshaltung einen Titel (z. B: *das Sitzen*) zu finden. Schreibe dazu mit wenigen Worten in die Tabelle unten, was diese Haltung bedeutet.

➡ Probiere jede Haltung gemäß der Beschreibung selbst einmal aus. Zeichne die sechs Gebetspositionen anschließend in der richtigen Reihenfolge in die Tabelle unten.

1	2	3	4	5	6

RITUELLE WASCHUNGEN

➡ Beantworte die folgenden Fragen ganz spontan, ohne vorher mit deinem Nachbarn zu sprechen.

• Wann waschen wir uns? _____

• Warum waschen wir uns? _____

• Gibt es in unserer Religion Situationen, in welchen wir mit Wasser in Berührung kommen?

Wenn ja, welche Situationen sind das? _____

_____

• Hast du schon mal von anderen Religionen gehört, in denen Wasser eine Rolle spielt?

_____

➡ Wenn ihr fertig seid, vergleicht eure Ergebnisse.
Sprecht über Unterschiede und Gemeinsamkeiten in euren Antworten.

Wasser beim Gebet: So ist es im Islam richtig

Vor jedem Gebet muss sich ein Muslim oder eine Muslima in einer ganz bestimmten Weise waschen. Dabei werden Arme, Hände, Gesicht, Haare, Beine und Füße in einer festgelegten Reihenfolge dreimal mit Wasser gereinigt. In vielen Haushalten gibt es dafür einen zusätzlichen Wasserhahn. Er wird als *Hanafiya* bezeichnet. Sollte sich der oder die Gläubige in der Wüste aufhalten, kann er oder sie statt Wasser auch Sand für die Reinigung benutzen.

➡ Kannst du dir vorstellen, warum die Menschen sich vor dem Gebet waschen?

_____

_____

➡ Unten findest du verschiedene Aussagen zum Wasser. Versuche diese Sätze den einzelnen Religionen zuzuordnen. Dabei kannst du alles Katholische rot, alles Islamische gelb und alles Evangelische blau markieren. Achtung: Einige Aussagen können mit mehreren Farben markiert werden.

Nur nach der Reinigung aller Körperteile soll man beten.

Das Wasser bei der Taufe reinigt von allen Sünden.

Die Berührung mit dem Wasser bereitet auf das Gebet vor, das Beten wird bewusst.

DER GLÄUBIGE KANN NUR GEREINIGT VOR GOTT TRETEN. „UNREIN" DARF MAN NICHT BETEN.

Beim Betreten der Kirche bekreuzigt man sich mit Weihwasser.

Die ersten Christen wurden bei der Taufe ganz unter Wasser getaucht; heute wird nur etwas Wasser auf die Stirn geträufelt oder geschüttet.

Das Weihwasser symbolisiert die Aufnahme in die Gemeinschaft der Christen.

Die Waschung reinigt den Gläubigen für die Begegnung mit Gott.

DIE FÜNF SÄULEN DES ISLAM

Säulen tragen ein Gebäude. Die islamische Religion ruht auf diesen fünf Pflichten, die Muslime handelnd erfüllen müssen.

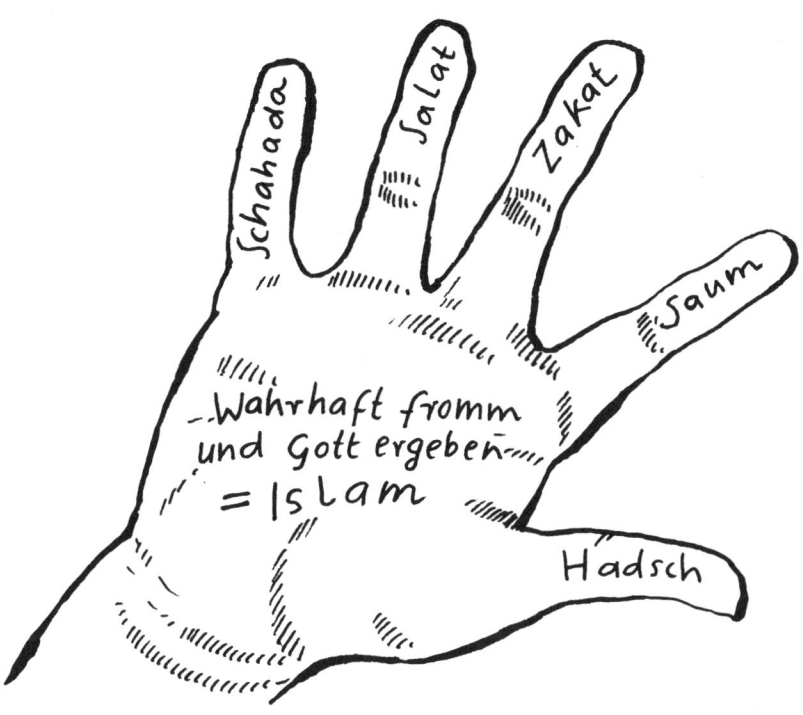

Schahada (Das Glaubensbekenntnis)
„La ilaha illa Ilah. Mohammed rasulu Ilah." Der wichtigste Satz im Leben eines gläubigen Muslim ist: „Ich bezeuge, dass es keinen Gott außer Allah gibt und Mohammed der Prophet Allahs ist."

Salat (Das Gebet)
Neben den Festgebeten und dem Freitagsgebet in der Moschee muss jeder Muslim täglich fünf Pflicht-gebete erfüllen (vor Sonnenaufgang, wenn die Sonne am höchsten steht, nachmittags, nach Sonnen-untergang, vor dem Schlafengehen). Es darf nur im Zustand der Reinheit gebetet werden. Haltung und Wortlaut beim Beten sind fest vorgeschrieben.

Zakat (Almosenpflicht)
Jeder, der es sich leisten kann, muss einen Teil seines Besitzes an Bedürftige abgeben.

Saum (Fasten)
Von der Morgendämmerung bis zum Sonnenuntergang dürfen die Gläubigen während des Fastenmonats nichts essen und nichts trinken. Kinder, alte Leute und Kranke sind von dieser Pflicht befreit. Man fastet zum Gedenken an die Offenbarung des Koran, die in einer Nacht dieses Monats stattfand. Deshalb feiert man die Nächte mit reichlichen Mahlzeiten, zu denen auch die Armen eingeladen werden. Mit dem Beiramfest (Fastenbrechen) endet die Fastenzeit.

Hadsch (Pilgerfahrt nach Mekka)
Das wichtigste Heiligtum, die Kaaba, befindet sich in Mekka. In dieser Stadt wurde Mohammed geboren und der Koran offenbart. Einmal im Leben soll jeder Muslim dorthin pilgern (reisen), wenn es für ihn irgend-wie möglich ist.

➡ Wer die fünf Säulen des Islam kennt, versteht mehr vom Glauben und Leben der Muslime. Präge sie dir genau ein und denke bei jeder „Säule" an den entsprechenden Finger deiner Hand. Schreibe auf jeden deiner Finger den richtigen Begriff (wie in der Abbildung). Benutze dafür einen abwaschbaren Stift.

➡ Drehe nun das Blatt um und erinnere dich an die Bedeutung der Worte auf deiner Hand. Hast du etwas vergessen, darfst du kurz nachlesen. Bald wird schon der einzelne Finger ausreichen, dich an die ent-sprechende Säule zu erinnern, auch wenn die Buchstaben längst abgewaschen sind.

... UND WAS DENKST DU? (DAS KOPFTUCH)

„O Prophet, sprich zu deinen Gattinnen und deinen Töchtern und den Weibern der Gläubigen, dass sie sich in ihren Überwurf verhüllen ..." (Koran, Sure 33:59)

„Dadurch, dass ich ein Kopftuch trage, fühle ich mich frei."

„Das Kopftuch ist ein Symbol des Glaubens."

„Mit Kopftuch wird man eher als anständige Frau erkannt und nicht verletzt."

„Das Kopftuch beeinträchtigt nicht das eigene Denken."

„Man sollte sich nach außen so zeigen, wie man sich innerlich fühlt, ist man fromm, dann mit Kopftuch, interessiert einen der Glaube nicht, dann ohne Kopftuch."

„Mit einem Kopftuch wird man weniger belästigt als ohne Kopftuch."

„Kopftuch wird oft mit Unterdrückung gleichgesetzt."

„Ich kann auch gläubige Muslimin sein, ohne ein Kopftuch zu tragen."

„... Hütet eure Augen und Gedanken durch Regeln der Bescheidenheit in Kleidung und Benehmen ..." (Aus einem Korankommentar)

„Ich trage ein Kopftuch, damit Männer nicht in Versuchung geraten."

„Wenn ich tanzen möchte oder mich schminke, dann mache ich das eben zu Hause."

DIE TAUFE

Die Taufe ist ein Sakrament, das für alle christlichen Konfessionen gilt.

➡ Was geschieht bei der Taufe? _____

➡ Was weißt du von deiner Taufe? Erkundige dich z. B. bei deinen Eltern oder Paten.

_____

➡ Du bist auf deinen Namen getauft worden. Trage deinen Vornamen hier ein: _____

➡ Weißt du, woher dein Name kommt und was er bedeutet?

_____

➡ Hast du einen Namenspatron? _____

➡ An welchem Tag wurdest du getauft? Trage das Datum ein: _____

➡ In welcher Kirche fand deine Taufe statt? _____

➡ Wer hat dich getauft? _____

➡ Du hast bei deiner Taufe Taufpaten bekommen. Schreibe ihre Namen auf: _____

_____

➡ Welche Aufgaben haben die Taufpaten? _____

_____

➡ Vielleicht hast du auch einen Taufspruch bekommen. Wie heißt er? _____

_____

Das Bild zeigt ein steinernes Taufbecken. Hier sind schon viele Kinder und auch Erwachsene getauft worden. Das erkennst du an der Jahreszahl 1631. Die beiden Buchstaben, die du außerdem siehst, sind eine Abkürzung für den lateinischen Ausdruck *Anno Domini,* das heißt „im Jahr des Herrn".

➡ Auf dem Taufbecken sind große Tropfen zu erkennen. Kannst du dir denken, was sie bedeuten?

_____

_____

➡ Trage hier Namen von Verwandten, Freunden und Freundinnen ein, von denen du weißt, dass sie getauft wurden. Setze auf der Blattrückseite fort.

_____

DAS KREUZ – WAS IST MIR WICHTIG?

➡ Gib der Abbildung einen stimmungsvollen Ausdruck, indem du sie farblich gestaltest.

➡ Schreibe auf die Strahlen, was du mit dem Kreuz als Zeichen des Christlichen verbindest. Was dir besonders wichtig ist, kannst du farbig markieren.

➡ Vergleicht eure fertig gestellten Blätter in der Klasse. Sprecht über Gemeinsamkeiten und Unterschiede.

KREUZ UND ROSE

Collage „Kreuz und Rose"
© Mirjam Müskens, Ratingen (2001)

➜ Zeichne auf weißes Papier die Umrisse eines Kreuzes und einer Rose. Gestalte die Rose farbig (z.B. rote Blüte, grüne Blätter usw.). Schneide beides aus und klebe die Rose auf das Kreuz. (Du kannst auch Fotos z. B. aus Illustrierten verwenden.)

➜ Wenn du das Kreuz aufhängen möchtest, kannst du es auch aus hellem Holz mit einer Laubsäge aussägen und auf der Rückseite oben, mittig, ein Häkchen anbringen.

➜ Warum ist das Kreuz in heller Farbe und nicht dunkel gestaltet worden?

_____

_____

➜ Informiere dich darüber, was die Farben Rot und Grün bedeuten können.

Rot: _____   Grün: _____

➜ Was bedeutet es, wenn du eine Rose verschenkst ?

_____

_____

➜ Überlege, was die Rose hier auf dem Kreuz bedeuten könnte.

_____

_____

➜ Schreibe einen Text (z. B. ein Gebet oder eine Geschichte) zu dieser Darstellung.
Du kannst auf der Blattrückseite fortsetzen.

_____

_____

KREUZ-WEG (1)

➡️ Lies den Text über den *Kreuz-Weg* aufmerksam.

➡️ Es gibt mehrere Möglichkeiten, wie ihr euch dem *Kreuz-Weg* annähern könnt.

- Zeichne einen langen Weg (z. B. über zwei zusammengeklebte A-4-Blätter oder auf eine Tapetenbahn), an deren Rand du dann die einzelnen Gegenstände einzeichnest. Die Zitate kannst du ebenfalls dazusetzen. Du kannst diesen Kreuzweg mit weiteren Ideen persönlich gestalten.
- Sammle Zeitungsausschnitte, in denen von menschlichem Leid gesprochen wird. Vielleicht kannst du so deinen eigenen *Kreuz-Weg* noch ergänzen.
- Ihr könnt den *Kreuz-Weg* auch für die ganze Schule (oder eine größere Gruppe) vorbereiten.
  Ein *Weg* ist mit Tüchern in den Raum hineingelegt (das geht auch im Mittelgang der Kirche). Stühle (oder die Kirchenbänke) markieren den Weg nach Golgatha. Die einzelnen Gegenstände und die Zitate, die den Weg begleiten, habt ihr vorbereitet und bereitgelegt.
- Der Text wird von einem oder mehreren Sprechern vorgetragen. Einzelne Teilnehmer übernehmen die jeweilige „Rolle", um die Gegenstände und die Zettel auf den Weg zu legen.
  Am Schluss sollte jeder über die eigenen Gedanken und Erfahrungen einen kurzen Text formulieren. Legt die Texte unter das Kreuz. Wer will, kann seinen Text auch vortragen.
- Lieder oder Meditationsmusik können den *Kreuz-Weg* umrahmen.

Der *Kreuz-Weg*, den wir hier kennen lernen, ist der Weg, den Jesus am Karfreitag gegangen ist. Der *Kreuz-Weg* steht aber auch stellvertretend für die Wege in unserem eigenen Leben, wenn uns Leid begegnet, wenn wir traurig sind. Wir öffnen uns für das, was hier gesagt wird und bringen eigene Erfahrungen ein. Wir stellen uns einen Weg vor. Es ist der Weg, den Jesus am Karfreitag gegangen ist. Wir haben uns entlang dieses Weges gesetzt.

Am Anfang des Weges steht ein **Stuhl**, ein Richterstuhl. Eigentlich ist es ein Königsstuhl, ein Stuhl, auf dem Jesus selbst sitzen müsste. Denn Jesus sagt von sich: Ich bin ein König! Aber das wollen die Leute nicht hören. Sie wollen ihn nicht als König. Deshalb haben sie ihn bei der Behörde angeklagt. Diese fragt ihn: *Bist du ein König?* Jesus antwortet darauf: Ja, ich bin es! Jetzt verlachen und verspotten ihn die Menschen. Pontius Pilatus, der Vertreter des Kaisers aus Rom, soll ihn zum Tod verurteilen. Denn wenn Jesus behauptet, er sei ein König, dann bedeutet das Aufruhr und Gefahr für den Kaiser.
Pilatus sitzt auf dem Richterstuhl. Auch er fragt Jesus: *Bist du ein König?* Auch jetzt antwortet Jesus: *Ja, ich bin ein König!*
Pilatus spürt aber, dass Jesus keinen Aufstand anzetteln will. Darum möchte er ihn freilassen. Aber die Leute schreien immer lauter: *Der ist gefährlich! Verurteile ihn zum Tode!* Pilatus hat Angst, er könne seine eigene Macht verlieren, darum gibt er dem Geschrei nach. Er verurteilt Jesus zum Tod am Kreuz. Vorher soll er noch gegeißelt werden.

Mit dem, was jetzt kommt, möchte er aber nichts zu tun haben. Er wäscht seine Hände in Unschuld. Darum lässt er eine **Wasserschüssel** und ein **Handtuch** bringen, um allen zu zeigen:
Ich habe mit dem Tod von Jesus nichts zu tun.
Ab hier und jetzt beginnt für Jesus ein langer Weg durch die Straßen von Jerusalem bis zum Berg Golgatha, wo er hingerichtet werden soll. Viel Böses begegnet ihm auf dem Weg. Wenig Gutes und Hoffnungsvolles.
Wir selbst sind am Wegrand. Wir sind Beobachter, Zeugen dessen, was damals mit Jesus geschah.

KREUZ-WEG (2)

Das Erste, was Jesus widerfährt: Er wird mit **Stricken** gegeißelt. Das ist demütigend und verursacht auch körperlich große Schmerzen.

Jesus wird als Nächstes eine **Dornenkrone** auf den Kopf gesetzt. Die Dornen der Krone schneiden und stechen tief in seinen Kopf.

Er bekommt einen **roten Mantel** umgelegt. So verspotten ihn die Leute, als sei er ein König mit Krone und Königsmantel. Aber in Wirklichkeit schmerzt die Krone. Und Spott verletzt sein Herz zutiefst.

Jesus muss sein **Kreuz**, an dem er sterben wird, selbst den langen Weg tragen, vorbei an den neugierigen und sensationslüsternen Leuten. Die Balken werden herbeigeschleppt und zusammengebunden. Das Kreuz ist sehr schwer.

Unter der Last des Kreuzes wird der Weg noch beschwerlicher. Jeder **Stein** verursacht Schmerzen. Viele Steine liegen auf dem Weg. Es sind die Steine, welche die Menschen ihm in den Weg gelegt haben. Er stolpert über die Steine. Er fällt. Er holt sich blutige Knie und blutige Hände. Er steht wieder auf. Fällt noch einmal. Immer wieder muss er aufstehen, um den Weg zu Ende zu gehen.

Unter den vielen Menschen, die gaffen, sind auch einige, die Mitleid haben, die ihm helfen möchten, die aus tiefstem Herzen an seine Unschuld glauben: seine Mutter, einige Frauen aus seinem Freundeskreis. Unter ihnen Veronika. Sie durchbricht die Reihe der spottenden Menschen und geht auf Jesus zu. Sie wischt mit einem **Tuch** den Schweiß aus seinem Gesicht. Das tut gut. Das hilft einen Augenblick lang.
Dankbar schaut Jesus Veronika an. Sein Bild prägt sich ihr ein – für immer! Sie trägt es in dem Tuch bei sich, ihr ganzes Leben lang. Jesus hat seine Gesichtszüge in das weiße Tuch hineingedrückt.

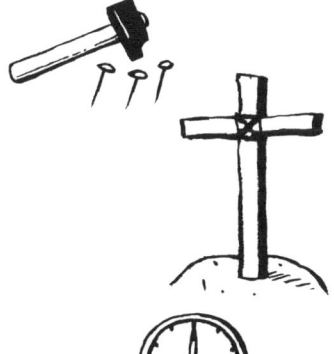

Jesus ist für jede Hilfe dankbar. Ein anderer hilft ihm die schweren Kreuzbalken ein Stück den Berg hinauf zu tragen: Simon von Cyrene. Auch dieser Mann, der gerade von der Arbeit auf dem Feld kommt, hilft Jesus. Er lässt sein **Bündel** auf der Straße liegen und nimmt das Kreuz. Wieder geht es ein Stück voran. Hilfsbereitschaft ist ein kleines Zeichen. Doch sie ändert nichts an dem Endpunkt des Weges. Das Urteil über Jesus ist endgültig.

Jesus ist am Ort seiner Verurteilung – auf dem Berg Golgatha – angekommen. **Hammer und Nägel** liegen bereit. Mit dem Hammer werden die Nägel durch Hände und Füße getrieben, so wird Jesus ans Kreuz genagelt. So soll er sterben.

Das **Kreuz** wird aufgerichtet. Das Ziel ist erreicht. Jesus ist seinen Weg, seinen Kreuzweg zu Ende gegangen.

Warum ist Jesus den Weg gegangen? Aus Liebe zu uns Menschen.
Aus Liebe zu uns Menschen stirbt er diesen schlimmen Tod am Kreuz.

Um drei **Uhr** am Karfreitag sagt er: *Es ist vollbracht!* Jesus stirbt.

Wir stellen eine **Kerze** an das Ende des Weges. Wir deuten damit an: Es geht noch weiter. Gott sei Dank ist der Tod am Kreuz nicht das Ende. Aus diesem Grund legen wir kein schwarzes Tuch, sondern ein **gelbes Tuch** um das Kreuz, ein gelbes Tuch als Zeichen der Wärme und des Lichtes. Die Kerze brennt als Zeichen dafür, dass Jesus da ist.

Wir haben an dem *Kreuz-Weg* teilgenommen. Er hat uns in unseren Herzen angerührt. Ich habe Zeit, in Ruhe einen **Text** (z. B. ein Gebet) aufzuschreiben.

EINE STATION AUF DEM KREUZWEG

Eine Schülerin hat dieses Bild gezeichnet.
Bevor du den Erklärungstext unten liest, versuche zunächst die Fragen zu beantworten:

➡ Welche Personen hat sie dargestellt?

➡ Was wird die Frau im schwarzen Gewand tun?

➡ Warum werden die Menschen im Hintergrund eingekreist und abgedrängt?

➡ Wer sind sie?

➡ Zwischen den einzelnen Menschengruppen hat die Schülerin Freiräume gelassen. Warum wohl?

Bei der Frau, die auf Jesus zukommt, handelt es sich um Veronika. Sie hält ihm ein Tuch hin und will ihm den Schweiß vom Gesicht abwischen. Denn der Weg, den Jesus mit dem schweren Kreuz gehen muss, ist schrecklich, schmerzvoll und unendlich lang. Nur wenige Menschen haben Mitleid mit ihm. Zum Dank dafür, dass Veronika Jesus für einen Augenblick geholfen hat, bleibt sein Gesichtsabdruck in ihrem Tuch erhalten. Voll Dankbarkeit und Freude wird sie das Tuch ihr ganzes Leben lang aufbewahren. Sie wird Jesus niemals vergessen.

➡ Vielleicht versuchst du nun selbst ein Bild zu zeichnen, das diese Situation darstellt.

TOD UND HOFFNUNG

die Welt

geht

morgen

unter

oder

morgen

sterbe

ich

sei es

wie es sei

ich pflanze heute

einen kleinen Baum

damit ich morgen

in den Himmel

klettern

kann

➜ Die senkrechte Linie rechts oben soll die Mittellinie des Gedichts werden, zu dem du die Vorlage umschreibst. Dabei steht die erste Zeile ganz unten und das letzte Wort („kann") ganz oben. Teile die Zeile jeweils so auf, dass sie rechts und links von der Mittellinie gleich lang, d. h. zentriert ist.

➜ Welche Form hat das rechte Gedicht? Zeichne seinen Umriss nach.

Findest du im Text ein Wort, das dieser Form entspricht? Es heißt _____ . (Vielleicht kannst du dein Gedicht vier- oder fünfmal kopieren.)

➜ Nun kann in dem neu entstandenen Bild ein Mensch klettern, wie es auch in dem Gedicht beschrieben wird. Wie in einem Comic kannst du in verschiedenen aufeinander folgenden Bildern zeigen, wie der Mensch immer weiter klettert. (Dazu benötigst du die Kopien deines Gedichtes.)

➜ Was könnte der oder die Kletternde sagen? Schreibe es in Sprechblasen oder als Bildunterschriften auf. Du kannst dafür Teile des Gedichtes verwenden.

➜ Schreibe das Gedicht zu einer kleinen Erzählung um. Dabei kannst du ausformulieren, was im Gedicht oft nur angedeutet wird.

➜ Versuche Antworten auf die Frage zu finden, warum das Gedicht von Hoffnung spricht, obwohl auch vom Sterben die Rede ist.

DAS OSTERFEST

Tod und Auferstehung Jesu sind die christlichen Hauptereignisse. Alle Christen berufen sich auf sie. Als die Jünger von der Verurteilung Jesu zur Hinrichtung am Kreuz erfuhren, flohen sie voller Entsetzen; nur einige von Jesu Jüngerinnen blieben bei ihm, so auch Maria Magdalena. Sie erfuhr als Erste die wunderbare Botschaft: „Jesus lebt!". Sie erzählte den immer noch verschreckten und zunächst ungläubigen Jüngern davon. Schon bald versammelten sich alle in Jerusalem. Sie erzählten einander und auch anderen von der unbegreiflichen Erfahrung, dass Jesus nicht im Tod geblieben war, sondern auf neue Weise mit ihnen lebte.

➡ In den Evangelien wird diese Erfahrung mit unterschiedlichen Geschichten zum Ausdruck gebracht: Geschichten vom leeren Grab und Erscheinungsgeschichten. Die Auferstehung selbst wird in keiner Geschichte beschrieben. Was meinst du, warum nicht?

_____

_____

➡ Schon bald feierten die ersten Christen diese Ostererfahrung immer wieder mit einem gemeinsamen Mahl als Erinnerung an das letzte Abendmahl vor Jesu Tod. Sonntag, der Tag nach dem jüdischen Schabbat, wurde und wird auch heute als wöchentliches Auferstehungsfest gefeiert.
Woran kann man das auch heute noch erkennen?

_____

_____

➡ Bei westlichen Christen wird das Osterfest am ersten Sonntag nach dem Frühlingsvollmond gefeiert, in Anlehnung an das jüdische Pessachfest, das an die Befreiung aus der Sklaverei erinnert. Welche Gemeinsamkeiten zwischen beiden Festen siehst du?

_____

_____

Durch verschiedene Kalenderreformen und wegen der Verbindung von Mond- und Sonnenkalender gibt es in den christlichen Kirchen in Ost und West verschiedene Ostertermine. Gefeiert wird in allen Konfessionen dasselbe: die Auferstehung Jesu und damit der Sieg des Lebens über den Tod.

➡ Male ein Bild mit passenden Farben zu dem Thema:

Der Sieg des Lebens über den Tod.

EIN OSTERBILD

➡ Hier ist das Motiv dargestellt, welches das Titelbild einer deutschen Bibelausgabe ist.
Kannst du dir vorstellen, warum man es dafür ausgewählt hat? Gib ihm einen Titel.

Titel: _____

➡ Früher wurden Grabhöhlen mit einem schweren runden Stein verschlossen. Hier sieht man, wie dieser Stein
zur Seite gerollt ist. Man sieht nicht von außen in das Grab hinein, sondern blickt aus dem Grab ins Freie.
Warum ist diese Perspektive gewählt worden?

➡ Das Bild stellt symbolisch Erfahrungen dar, die Menschen auch heute manchmal machen.
Der weggewälzte Stein könnte z.B. bedeuten, dass eine schwere Last von einem genommen wurde.
Was drückt die dunkle Mauer aus? Was der helle Ausblick oder das kleine Bäumchen?
Schreibt solche Erfahrungen zur Abbildung und zieht Linien zum jeweiligen Gegenstand.

OSTERBRÄUCHE

Glaube festigt sich in der liturgischen Form, in Riten, und im Brauchtum. Gerade in diesem wird erfahrbar und greifbar, dass zwischen Religion und Leben in der Welt ein Zusammenhang besteht. [...] Zu Ostern gab es schon immer viele Bräuche, mit denen Menschen ihre Freude über das Osterereignis ausdrückten. [...]

Osterbräuche vermischen sich teilweise auch mit Ereignissen in der Natur, die im Frühjahr neues Leben hervorbringt. Der **Osterstrauß**, der kurz vor Ostern aus Birken- oder Haselnusszweigen gesteckt wird, ist Symbol für das Leben. Er wird zu Ostern mit bunt verzierten Eiern reich geschmückt.

Aus dem in der Osternacht geweihten Wasser füllen viele Gottesdienstbesucher das **Osterwasser** ab, um es in ihre Häuser zu bringen und sie unter Gottes Segen zu stellen. Ähnlich ist es mit dem **Osterlicht**, das von der Osterkerze kommt und in einer Laterne nach Hause getragen wird. Dort entzündet es das Herdfeuer und die Kerze im Herrgottswinkel.

In manchen Gegenden wird auf dem Berg das **Osterfeuer** entzündet. Es erinnert an Jesus, das Licht, das am Karfreitag erloschen schien und am Ostermorgen umso heller leuchtet. Manchmal lässt man Feuerräder den Berg hinablaufen, damit das Licht auch zu den Menschen gelangt.

Die **Felderweihe**, bei der der Bauer einen geschmückten Palmstrauß auf das Feld steckt und um Segen für die Ernte betet, zeigt, dass der Mensch nicht nur auf seine Kraft vertrauen kann, sondern auch auf Gottes Hilfe angewiesen ist.

Noch heute gibt es in vielen Gemeinden den **Osterritt**. Mit ihm tragen die Reiter die Botschaft der Auferstehung weiter mit Liedern und Gebeten. In kleinen Gemeinden führt der Weg oft um den Friedhof. Dort wird die Auferstehung verkündet und für die Verstorbenen gebetet.

Ein Brauch, der in den letzten Jahren wieder neu belebt wurde, ist der **Emmausgang** am Ostermontag, an dem im Gottesdienst von der Begegnung Jesu mit den Jüngern auf dem Weg nach Emmaus berichtet wird. Er ist ein geistlicher Weg mit Gebet und Gesang, aber gleichzeitig auch ein Spaziergang durch die erwachende Natur. Früher war es oft auch üblich, an diesem Tag neue Kleider zu tragen: Der Mensch wollte sich erneuern.

Im Mittelalter gehörte auch das **Ostergelächter** zur Osterfreude. Dabei flocht der Prediger Scherze und Witze in seine Predigt ein, um die Gläubigen nach der trüben Fastenzeit die Osterfreude leibhaftig erleben zu lassen. Oft wurden diese Witze zu derb und gaben zu Kritik Anlass. So wurde dieser Brauch im 17. Jahrhundert verboten.

Natürlich dürfen die **Ostereier** zu Ostern nicht fehlen. Ebenso wenig wie Fleischspeisen (zu welchen sie zählten) durften sie in der Fastenzeit gegessen werden. So sammelten sie sich in den Wochen vor Ostern an. Mit diesem Eierüberfluss konnten die Bauern nach altem deutschen Brauch ihren zu Ostern fälligen Pachtzins zahlen. Außerdem galt das Ei schon immer als Symbol für neues Leben, geboren aus dem wie tot wirkenden Gegenstand. Die Herkunft des **Osterhasen** ist nicht eindeutig. Manche deuten ihn wegen seiner Schnelligkeit als Symbol des flüchtigen Menschenlebens, andere als Symbol der Fruchtbarkeit. Einen religiösen Hintergrund hat er kaum. Trotzdem ist er von Ostern nicht wegzudenken und darf in keinem „Osternest" fehlen. Auch er ist ein Zeichen für Lebendigkeit und Freude am Leben.

(Waltraud Scholz: Brauchtum zu Ostern, in: Informant 1/2002, S. 8–10, gekürzt)

➡ Welche Osterbräuche kennst du oder unter welchen kannst du dir etwas vorstellen? Male kleine Zeichnungen neben den Text.

➡ Stellt gemeinsam in der Klasse ein Bilderbuch her, das die Osterbräuche erklärt. Jeder sucht sich einen Brauch aus und gestaltet eine Seite des Buches mit Bild und Text. Achtet darauf, dass in eurer Klasse möglichst viele verschiedene Bräuche dargestellt werden. Achtung: Alle Seiten müssen dasselbe Format haben. Wenn alle Schüler auf der linken Blattseite einen ca. 2 cm breiten Rand frei lassen, kann man die Seiten hier zusammenkleben, -nähen oder -klammern.

➡ Sprecht die Umschlaggestaltung gemeinsam ab. Ein oder zwei Schüler stellen dann den Umschlag her.

DAS OSTEREI ALS SYMBOL

Beim christlichen Osterfest spielen Eier fast überall eine große Rolle. Eier werden bemalt und versteckt, damit die Kinder am Ostermorgen ihren Spaß haben. In Süddeutschland gibt es einen alten Brauch, nach dem der Dorfbrunnen mit Eiern geschmückt wird.

➡ Was bedeuten Ostereier für dich?

_____

_____

_____

_____

➡ Warum ist das Ei zu diesem überragenden Symbol eines christlichen Festes geworden?
Schreibe deine Vemutung auf.

_____

_____

_____

_____

_____

Aus dem vierten Jahrhundert nach Christus gibt es zu dieser Frage eine Erklärung des Theologen Ephram:

Gleich einem Ei springt das Grab auf. So wie das Ei zunächst fest verschlossen und leblos ist, so war auch das Grab geschlossen, so endgültig schien der Tod Jesu zu sein. Die Eierschale wird durch den jungen Vogel zerbrochen wie Grab und Tod durch die Auferstehung.

Es gibt auch einen alten Spruch:

*Wie der Vogel aus dem Ei gekrochen,
hat Jesus Christus das Grab zerbrochen.*

Das Verschenken von Eiern zu Ostern lässt sich schon in den ersten christlichen Jahrhunderten in Armenien nachweisen. Der Brauch wurde von den orthodoxen Kirchen übernommen und hat dort bis heute eine religiöse Bedeutung. Früher wurden die Ostereier rot gefärbt, um auf den lebendigen und auferstandenen Christus und das durch ihn vergossene Blut hinzuweisen.
Später kamen andere Farben hinzu und die Eier waren nicht mehr einfarbig, sondern wurden mit verschiedenen Techniken verziert: besprenkelt, bemalt, ausgekratzt, geätzt, geschliffen, beklebt oder kunstvoll beschrieben. Sie wurden ausgeblasen und manchmal auch gefüllt.

➡ Gestalte das Ei so, dass die Bedeutung von Ostern für dich am besten zum Ausdruck gebracht wird.
Du kannst malen und bzw. oder schreiben.

SUCHE NACH CHRISTLICHEN SYMBOLEN

Es gibt einen alten sorbischen Brauch, am Osterfest Patenkinder mit hart gekochten gefärbten Eiern, in die alte christliche Symbole eingeätzt sind, zu beschenken. Bei uns gibt es den Brauch, bunte Ostereier in ein Nest zu legen. Auf diesem Blatt kannst du die beiden Bräuche verbinden.

➜ Male die unten in der Wiese liegenden Eier bunt an. Schneide die Eier aus, die etwas eindeutig Christliches zum Ausdruck bringen. Schreibe neben das Nest, warum du diese Eier ausgesucht hast und was die Symbole bedeuten.
Ein Tipp: Im „Gras" sind kleine Erklärungen zu finden.
Die übrig gebliebenen Eier kannst du in dein Heft kleben und dazu schreiben, warum die abgebildeten Dinge zum Osterfest verwendet werden, auch wenn sie keinen eindeutig christlichen Bezug haben.

Der Fisch ist das Geheimzeichen der ersten Christen. Das griechische Wort ICHTHYS verweist auf Jesus Christus.

Das Schiff mit dem Kreuz stellt die Gemeinschaft der Christen dar.

Die griechischen Buchstaben X (Chi) und P (Rho) sind die ersten beiden Buchstaben (Initialen) von *Christus*.

Das Lamm, das das Kreuz trägt, ist ein Symbol für Christus, der die Schuld der Menschen auf sich genommen hat und für sie gestorben ist.

ADVENTSKALENDER (1)

Mit dem ersten Adventssonntag beginnt ein neues Kirchenjahr. Interessanterweise bewahrt das Christentum die Erinnerung an das Judentum, aus dem es hervorgegangen ist, dadurch, dass es sein Festjahr nicht etwa mit der Geburt des Erlösers beginnen lässt. Die vier Wochen des Advents symbolisieren die lange Zeit des Wartens der Juden auf den Erlöser, den Messias, den das Judentum ersehnt hat. Die Adventszeit, nach dem Muster der österlichen Zeit gebildet, ist als eine Zeit der Vorbereitung ausgestaltet.

(aus: Manfred Becker-Huberti: Feiern, Feste, Jahreszeiten; Freiburg [Herder] 1998, S.107)

Die Aufteilung des Advents in 24 Tage geht bis in das 15. Jahrhundert zurück. Der Adventskalender als Begleitung für Kinder in der Zeit des Wartens auf Weihnachten stammt aus der evangelischen Tradition.

➡ Male in die leeren Kästchen die entsprechenden Symbole, die auf Seite 64 erklärt sind.

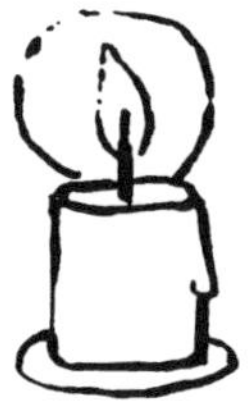

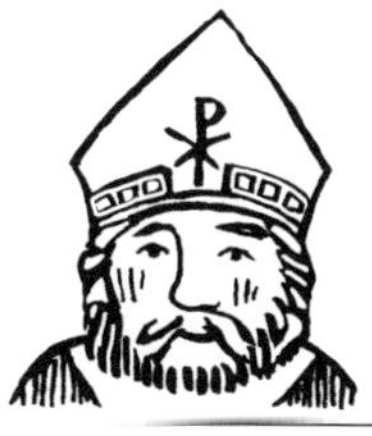

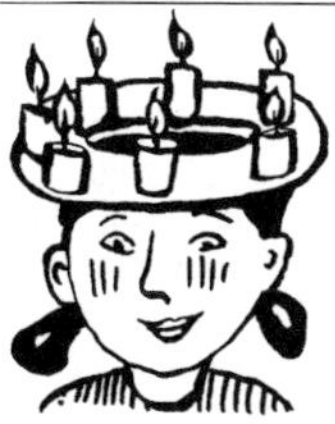

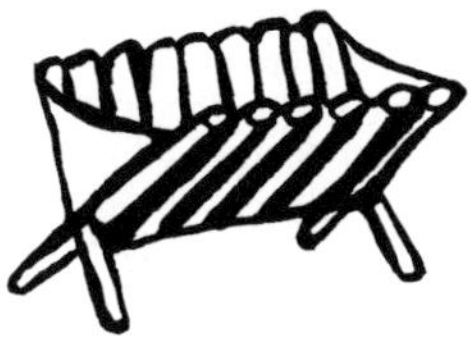

ADVENTSKALENDER (2)

So kannst du dir einen Adventskalender basteln, mit dem man während der Adventszeit nach und nach die Bedeutung der Symbole, die in der Weihnachtszeit eine Rolle spielen, erkennen kann:

➡ Lies die Erklärungen und zeichne auf das passende Türchen von S. 63 die erklärten Symbole.

➡ Schneide jedes Türchen von S. 63 mit einer kleinen spitzen Schere an drei Rändern aus, sodass man es aufklappen kann. Klebe S. 63 an den äußeren Rändern auf S. 64, sodass die Kästchen genau übereinander liegen.
Jetzt hast du einen selbst gemachten, lehrreichen Adventskalender, den du aufhängen oder verschenken kannst. (Sind die Türchen nicht richtig verschließbar, kannst du mit einem kleinen Klebestreifen nachhelfen.)

1
Jesus Christus sagt: „Ich bin das Licht der Welt" (Joh 8, 12). Es beginnt mit einer **Kerze** am ersten Advent.
(Heiligabend: Lichterfülle am Christbaum)

2
Der **Adventskranz** geht zurück auf den evangelischen Pfarrer Johann Hinrich Wichern (1808 – 1881). Statt der 24 Kerzen wurden später nur noch vier verwendet. Evtl.: Siegeskranz oder Dornenkrone.

3
Jeder **Tannenzweig** bildet am Ende die Form eines Kreuzes. Grün als Farbe der Hoffnung. Jesu Leben endet am Kreuz. Aber er bringt Hoffnung.

4
Zum Festtag der Heiligen Barbara am 4. Dezember werden Zweige von Obstbäumen in eine Vase gestellt, die Weihnachten blühen sollen (**Barbarazweige**).

5
Nach einer Legende backten die Hirten das erste **Weihnachtsgebäck**, „kleine würzige Honigkuchen, äußerlich dunkel und unansehnlich wie das Geschehen im Stall, aber voll nie geahnter Süße".

6
Auf die Verehrung des heiligen Bischof Nikolaus von Myra (4. Jh.) geht wahrscheinlich der Nikolaustag (6.Dez.) zurück, an dem vor allem die Kinder mit Süßigkeiten beschenkt werden.

7
Sonne, Mond und Sterne zeigen die christliche Hoffnung: „Licht, das in der Finsternis leuchtet" (Joh 1,5). Die Sonne symbolisiert Christus als das „wahre Licht" (gegen Kaiserkult und Sonnenverehrung).

8
Der **Stern von Betlehem** weist den Weisen aus dem Morgenland den Weg zum Jesuskind. Oft wird er mit einem Schweif dargestellt wie ein Komet.

9
Die **Engel** spielen in beiden Evangelien, die über die Geburt Jesu erzählen (Matth 1 und 2, Luk 2), eine wichtige Rolle. Sie sind die Verkünder der frohen Botschaft.

10
Die **Heiligen Drei Könige** kommen in der Bibel nicht vor. Nach Matthäus 2 besuchen Magier aus dem Morgenland den neugeborenen König Israels. In der Tradition: Caspar, Melchior und Balthasar.

11
Nach Lukas 2 erhalten die **Hirten** als Erste die frohe Botschaft von der Geburt des Heilands. Später wird Christus selbst als „der gute Hirte" bezeichnet und dargestellt, der sein Leben für die Schafe lässt.

12
Schneemann oder Schlitten haben mit der Geburt Jesu nichts zu tun. **Schnee** gibt es zu Weihnachten nur in den nördlichen Regionen der Erde.

13
Die heilige **Lucia** („die Lichtvolle", ca. 286 – 304) ist in Schweden die lichtertragende Gabenbringerin. Am Morgen des 13. Dezember trägt die älteste Tochter den Lichterkranz auf dem Kopf.

14
Ochs und Esel sind auf vielen Krippendarstellungen zu sehen. Sie verdeutlichen, dass selbst die Tiere im Jesuskind Christus erkennen (nach Jes 1,3).

15
Der **Apfel** erinnert an die Frucht, die Adam und Eva vom Baum nahmen. Die Schuld des Menschen wird durch Jesus getilgt. Der mit Äpfeln behängte Christbaum erinnert an das Paradies.

16
Nüsse sind nach einem alten Sprichwort Sinnbild des Wortes Gottes: „Gott gibt die Nüsse, aber aufknacken muss man sie selbst". In einer hölzernen Schale (Krippe) liegt ein süßer Kern verborgen.

17
In einigen katholischen Regionen läuteten am 17. Dezember, eine Woche vor Weihnachten, um 15 Uhr alle **Glocken** das Fest ein. Auch als Erinnerung an Besuche und Weihnachtsgaben für Alte und Kranke.

18
Die **Strohgebinde** (Strohsterne) erinnern an das Stroh, auf dem Jesus in der Krippe lag. Mancherorts üblicher Brauch: Jedes Kind legt nach einer guten Tat einen Strohhalm in die Krippe.

19
Der **Christstollen** erinnert in seiner Form an das in Windeln gewickelte Jesuskind. Er wird mit besonders guten Zutaten gefüllt und „versüßt" die Zeit.

20
Das Singen von **Weihnachtsliedern** und das Musizieren sind in der Weihnachtszeit schon lange Brauch, in der Kirche und zu Hause („Stille Nacht" aus Österreich 1818 gibt es in 230 Sprachen).

21
Kugeln, Lametta und Glitzerwerk weisen auf die wertvollen Geschenke der Weisen aus dem Morgenland hin. Dem Kind in der Krippe gebühren die größten Kostbarkeiten.

22
Zu Jesu Geburtstag machen sich die Menschen gegenseitig **Geschenke**, um die Freude über die Geburt Jesu weiterzugeben. Auch in Erinnerung an die Weisen aus dem Morgenland.

23
Der Baum ist ein altes Lebenssymbol. Die immergrüne Tanne drückt die Hoffnung des Lebens mitten im Winter aus. Den mit Kerzen geschmückten **Christbaum** gibt es bei uns seit dem 19. Jh.

24
Nach Lukas 2 legten Maria und Joseph das Jesuskind in eine **Krippe** (Futtertrog für Tiere). Heute symbolisiert sie die wunderbare Geburt des Gottessohnes, der allen Menschen Heil bringt.

MEIN WEIHNACHTSSYMBOL

In der Weihnachtszeit begegnen euch an vielen Orten (Haus, Stadt, Reklame ...) verschiedene Symbole, die etwas mit dem Weihnachtsfest zu tun haben: Sterne, Engel, Kerzen usw. Manche verdeutlichen die Weihnachtsbotschaft, andere greifen die Jahreszeit auf.

→ Welches Symbol drückt für dich die Bedeutung von Weihnachten am besten aus? Male es und schreibe dazu bzw. in den Umriss, was dir einfällt, wenn du daran denkst. Welche Gefühle löst es bei dir aus?

→ Ich habe dieses Symbol ausgewählt, weil _____

_____

_____

_____

→ Stellt euch gegenseitig eure Symbole vor und erzählt von euren Empfindungen.

→ Versucht herauszufinden, woher die einzelnen Symbole kommen (z. B. mithilfe eines Symbollexikons). Schreibt die aus der Bibel stammenden Symbole auf, zeichnet sie und schreibt daneben, in welchem Zusammenhang sie in der Bibel genannt werden und was sie bedeuten.

Symbol	Zeichnung	Bedeutung in der Bibel

WEIHNACHTSMIX

→ Lies die beiden Geschichten in der Bibel, die über die Geburt Jesu erzählen, genau. Welche der oben gezeichneten Figuren kommen in welcher Geschichte vor? Welche stammen aus der späteren Überlieferung? Schneide die Figuren aus und klebe sie unten in die richtige Spalte.

Matthäus 1,18 – 2,12	
Lukas 2,1 – 20	
Aus der späteren Tradition:	

WEIHNACHTLICHE GABENBRINGER (1)

Die Adventszeit mit ihren langen dunklen Abenden hat die Menschen in vielen Ländern der Welt schon immer dazu angeregt, Geschichten zu erzählen. Viele kannten natürlich die Weihnachtsgeschichten aus der Bibel und die Bedeutung des Weihnachtsfestes. Trotzdem erinnerten sie sich immer wieder gern an Personen, die – wie z.B. der Heilige Nikolaus – wirklich gelebt haben oder sie haben sich andere Geschichten erzählt, die etwas mit der geheimnisvollen Stimmung der Weihnachtszeit zu tun hatten. Diese Geschichten wurden immer wieder von den Eltern und den Großeltern an die Kinder weitergegeben und diese erzählten sie dann wieder ihren Kindern – so entwickelten sich **Traditionen.** In verschiedenen Ländern gibt es unterschiedliche Weihnachtstraditionen, und nicht überall liegen die Geschenke am Heiligen Abend unter dem Tannenbaum.

➡ Schreibe auf, wie bei dir zu Hause Weihnachten gefeiert wird.

_____

_____

_____

_____

➡ Versuche herauszufinden, in welchen Gegenden Weihnachten mit Väterchen Frost, Papa Noel, dem Christkind gefeiert wird. Vielleicht fallen dir noch weitere weihnachtliche Gabenbringer ein? Erkundige dich, woher und wann sie kommen.

_____

_____

_____

_____

➡ Frage Mitschülerinnen und Mitschüler anderer Religionen, ob sie ein ähnliches Fest wie Weihnachten feiern. Wie heißt das Fest, wann und wie wird es gefeiert?

_____

_____

_____

Weihnachten in anderen Ländern

In **Italien** gibt es die Geschichte einer uralten Frau, die man sich in manchen Gegenden auch als eine „liebe Hexe" vorstellt. Sie heißt **Befana** und kommt am 6. Januar zu Fuß oder auf ihrem Besen durch die dunkle Nacht. Man erzählt sich, dass die alte Befana einst an ihrem Webstuhl saß, als die drei Weisen zu ihr kamen, um ihr die Neuigkeit von Jesu Geburt mitzuteilen und sie einluden, mit nach Betlehem zu gehen. Weil sie erst noch ihren Stoff fertig weben wollte, machte sie sich später auf den Weg, konnte die Spur der drei Weisen aber nicht mehr finden. Seit dieser Zeit irrt sie am 6. Januar durch Italien, klopft an jede Tür, um das Jesuskind zu finden. Sicherheitshalber hinterlässt sie überall, wo Kinder sind, Geschenke.

In den **Niederlanden** lebten früher viele Menschen von der Seefahrt. Hier erinnert man sich in besonderer Weise an den **Heiligen Nikolaus**, den Schutzpatron der Seefahrer. Er lebte im 4. Jahrhundert n. Chr. und war damals Bischof von Myra, einer Hafenstadt in der heutigen Türkei. Man erzählt sich, dass Nikolaus die Einwohner von Myra vor einer schlimmen Hungersnot gerettet hat. Ganz besonders wichtig waren ihm die Kinder.

WEIHNACHTLICHE GABENBRINGER (2)

In den Niederlanden heißt Nikolaus **Sinterklaas**. Jedes Jahr am 6. Dezember legt er mit seinem Schiff in Rotterdam an, bekleidet mit Bischofsmantel und Bischofsmütze in violett oder weiß und bestickt mit Gold. Auf seinem Schimmel reitet er an Land und wird von seinem Helfer **zwarte Piet** begleitet. Am Nikolausabend ist in den Niederlanden Bescherung. Auch in anderen Ländern erinnert man sich an den Nikolaus. In **Australien** kommt er am 24. Dezember und ist eine Mischung aus Weihnachtsmann und Nikolaus. Dort ist er rot gekleidet und trägt einen weißen Bart, heißt **Santa Claus** und kommt auf einem Schlitten, der von sechs weißen Kängurus gezogen wird.

In **England** und **Amerika** stellt man sich vor, dass der **Santa** durch den Kamin Einlass ins Haus findet, nachdem er auf einem Rentierschlitten angereist ist. Hier kommt er, ebenfalls rot gekleidet und mit weißem Bart, in der Nacht zum 25. Dezember. Zu den Menschen auf **Hawaii** kam **Santa Claus** früher mit einem Boot, heute besucht er die Inselbewohner am Weihnachtstag mit einem silbern glänzenden Hubschrauber.

In **Schweden** wird am 13. Dezember das Fest der **Heiligen Lucia** gefeiert. Lucia lebte im 2. Jh. n.Chr., war damals schon Christin und verschenkte ihr gesamtes Vermögen an Not leidende Menschen. Mädchen tragen zu diesem Fest eine Lichterkrone auf dem Kopf und sind ganz in Weiß gekleidet. Man nennt diese Mädchen „Lichterkönigin" in Erinnerung an die Heilige Lucia. Das Fest soll Licht in die winterliche Dunkelheit bringen. Am Weihnachtstag warten die schwedischen Kinder auf den **Jultompte**. Er trägt einen dicken Pelzmantel und kommt mit dem Rentierschlitten. Die Geschenke wirft er durch einen geöffneten Türspalt.

Es gibt nicht überall Geschenke zu Weihnachten: Für unzählige Menschen in Asien, Afrika oder Südamerika ist ein ausreichendes Essen zu Weihnachten etwas sehr Kostbares, auf das sie sich das ganze Jahr freuen. Wer es irgendwie ermöglichen kann, versucht, Verwandte und Freunde zum Essen einzuladen oder sie mit Lebensmitteln zu beschenken.

➜ Füllt die Tabelle aus. Ihr könnt weitere Länder und Gabenbringer ergänzen.

Wer kommt	wann	wie	in welchem Land?

DAS LICHT DER WELT

➔ Eine Schülerin der sechsten Klasse hat dieses Bild zu einem Satz aus der Bibel (Matthäus 5,14) gemalt. Was versteht sie unter dem Symbol „Licht"?

_____

➔ Sie hat auf diesem Bild ein weiteres Symbol dargestellt: Die „Hände". Was bedeutet es? In welcher Beziehung steht es zum Symbol „Licht"?

_____

➔ Male das Bild farbig aus. Achte darauf, dass das Licht deutlich wird.

➔ Auch in den folgenden Texten haben Licht und Dunkelheit eine symbolische Bedeutung. Kennst du noch weitere? Schreibe einen Satz dazu. Suche dir einen Text aus und male ein Bild dazu oder gestalte eine Spruchkarte mit Bild und Text.

Und das Licht scheint in der Finsternis, und die Finsternis hat es nicht angenommen. (Joh 1,5)

Das Licht der Herrlichkeit scheint mitten in der Nacht. Wer kann es sehen? Ein Herz, das Augen hat und wacht. (Angelus Silesius)

Das Licht ist in die Welt gekommen. Jeder muss sich entscheiden, ob er im Licht der Nächstenliebe oder im Dunkel der Eigensucht wandeln will. (Martin Luther King)

DIE KIRCHE

➡ Du siehst auf dem Bild einen Kirchturm. Dann erkennst du noch den Teil eines Daches. Nachdem du dir das Bild angesehen hast, lies den Text in Ruhe durch.

Viele Steine,

Tausende und nochmals Tausende
haben die Menschen gesammelt
und zusammengetragen.
Mühsam war die Arbeit im Steinbruch,
Gefahrvoll.
Mühsam der Weg
aus dem Steinbruch zur Baustelle.
Ausgesucht haben sie nach Form und Maß,
bunt wie die Natur sie hergibt
aber auch schön behauen
zu einem überschaubaren Gleichmaß.
So haben sie die Kirche errichtet:
Stein auf Stein.
Türme ragen in die Höhe.
Mauern umgreifen einen Raum.
Pfeiler sorgen für Halt,
das Dach zu tragen,
damit die Menschen in ihrem Haus
Schutz und Zuflucht finden,
den sie brauchen.

➡ Von wem ist in dem Text die Rede? Was haben sie getan?
Schreibe auf den freien Platz dieses Blattes die Berufe derjenigen, die nach deiner Meinung an dem Bau mitgewirkt haben. Denke daran, dass bei einem modernen Kirchenbau noch andere Leute tätig werden als bei einem traditionellen. Vergiss das Innere der Kirche nicht. Auch hier haben viele Menschen mitgearbeitet.

➡ Welche Menschen haben etwas mit der Kirche zu tun, wenn der Bau fertig gestellt ist?

➡ Was passiert, wenn man einen oder mehrere Steine aus der Mauer herausbricht?

➡ In der Bibel findest du den Satz: „Den Stein, den die Bauleute verworfen haben, er ist zum Eckstein geworden". (Psalm 118,22; Markus 12,10 u. ö.) Welche Funktion hat der Eckstein bei einem Bauwerk? Wer ist mit diesem Eckstein gemeint?

➡ Zum Schluss des Textes oben heißt es, dass „die Menschen in ihrem Haus Schutz und Zuflucht finden, den sie brauchen". Was bedeutet das im Hinblick auf die Kirche?

WO IST MEIN PLATZ?

➡ Du kannst mit diesem Bild verschiedene Dinge tun:
Versuche das Blatt um die abgebildete Kirche herum mit Bleistift, Filzstift oder Buntstift so zu verzieren,
dass die Kirche einen deiner Meinung nach angemessenen Rahmen bekommt.
Du kannst die Kirche zeichnerisch – ein- oder mehrfarbig – mit einer (Fantasie-) Landschaft umgeben.
Du kannst auch nur die Abbildung der Kirche farbig gestalten.

➡ Welcher Ort in oder bei einer Kirche könnte dein persönlicher Platz sein?

➡ Begründe auf der Blattrückseite genau, warum du diesen Ort für dich ausgewählt hast.

KIRCHTURMSPITZEN

An den Symbolen auf den Kirchturmspitzen kann man erkennen, was Christen besonders wichtig ist.
Das Kreuz und den Hahn sieht man am häufigsten.

Das Kreuz hat in der Geschichte Jesu eine entscheidende Bedeutung. Welche?		Der Hahn spielt in der Geschichte über Petrus eine Rolle (Markus 14,30). Welche?
Es erinnert die Christen daran, dass		*Er erinnert die Christen daran, dass*
Für mich bedeutet das Kreuz:		*Ich denke beim Hahn an*

➡ Manchmal ist noch zusätzlich eine (Welt-) Kugel an der Kirchturmspitze angebracht.
Was könnte sie bedeuten?

➡ Es gibt auch Kirchen, auf denen alle drei Symbole übereinander angebracht sind. Zeichne eine solche Spitze
(Hahn auf Kreuz auf Weltkugel) und schreibe dazu, was sie zum Ausdruck bringt.

Eine Kirchturmspitze mit diesen drei Symbolen über-

einander macht deutlich

➡ Zeichne auf die Rückseite die Kirchturmspitzen aus deinem Ort oder deiner Stadt.

WELCHES WORT ZU WELCHER KONFESSION?

Auf diesem Arbeitsblatt sind katholische und evangelische Begriffe durcheinander geraten.

➔ Markiere so: Evangelisches gelb, Katholisches rot und was beide Konfessionen einschließt, orange.

➔ Für gleiche oder ähnliche Dinge gibt es in der evangelischen und in der katholischen Kirche unterschiedliche Namen. Verbinde die zusammengehörigen Begriffe mit Strichen.

ewiges Licht

Bibel

Hostie

Konfirmation

Weihwasser

Diakonisse

Taufbecken

Zölibat

Priester

Beichtstuhl

Gottesdienst

Tabernakel

Beichte

Vaterunser

Heilige

Kanzel

Kommunion

Orgel

Nonne

Papst

Diakon

Trauung

Prozession

Pastor

Kniebänke

Taufe

Kelch

Firmung

Gesangbuch

Altar

Bischof

Pfarrer

Weihwasserbecken

Messe

Abendmahl

Glaubensbekenntnis

Mönch

EVANGELISCH – KATHOLISCH

➡ Löse dieses Kreuzworträtsel:

Senkrecht:

1. Wie nennt sich das große Ereignis, das zur Abspaltung der evangelischen von der katholischen Kirche führte? Das Wort ergibt sich, wenn du die anderen Begriffe gefunden hast.

8. Obwohl es verschiedene Meinungen in beiden Kirchen gibt, berufen sie sich doch auf ein gemeinsames Buch. Wie heißt es?

Waagerecht:

2. Betreten Katholiken ihre Kirche, tauchen sie ihre Finger in eine Schale und bekreuzigen sich. Womit ist diese Schale gefüllt?

3. Nenne das Wort, mit dem man unterschiedliche Glaubensrichtungen bezeichnet.

4. In jeder Kirche gibt es vorn so etwas Ähnliches wie einen Tisch. Wie heißt er?

5. In der katholischen Kirche gibt es immer ein Bild oder eine Figur einer Frau, die hier besonders verehrt wird.

6. Nenne den Nachnamen des Mannes, dessen Leben und Arbeit entscheidend für die Entstehung der evangelischen Kirche war.

7. In jeder katholischen Kirche brennt immer eine Kerze, sie hat einen besonderen Namen. (Achtung: Es sind zwei Wörter, die hier aber ohne Zwischenraum eingetragen werden.)

9. In der katholischen Kirche gibt es ein Schränkchen, in dem die geweihte Hostie aufbewahrt wird. Trage die Bezeichnung in die Felder ein.

➡ Entwirf auf der Rückseite ein eigenes Kreuzworträtsel zum Thema Evangelisch – Katholisch und gib es deinem Partner als Knobelaufgabe.
(Tipp: Suche dir zuerst die Ratebegriffe aus und beginne danach mit dem Zeichnen des Gitters.)

SCHAU GENAU HIN: IN EINER KATHOLISCHEN KIRCHE

RELIGION

Evangelisch – Katholisch

Suche dir eine katholische Kirche in deiner Nähe. Nimm dir Zeit, sie genau zu besichtigen und beantworte dann die folgenden Fragen. Nimm dazu das Arbeitsblatt und einen Stift mit. Wenn die Kirche abgeschlossen ist, kannst du dich im Gemeindebüro über die Öffnungszeiten informieren.

➡ Welchen Namen hat die Kirche, in der du gerade bist?

_____

➡ Finde heraus, warum sie so heißt. (Vielleicht gibt es im Innenraum ein Schild oder ein Informationsblatt.)

_____

➡ Welche Heiligenfiguren stehen in dieser Kirche? (Warum sind gerade diese Heiligen hier dargestellt?)

_____

_____

➡ In der Kirche liegen bestimmt Prospekte aus. Wenn dir etwas interessant erscheint, nimm es mit (falls das erlaubt und erwünscht ist).

_____

➡ Welchen Titel trägt das Gesangbuch, das in der Kirche für die Gottesdienste ausliegt?

_____

➡ Welche regelmäßigen Veranstaltungen finden in der Kirchengemeinde statt? (Diese Informationen findest du meist am „Schwarzen Brett" oder auf Hinweisblättern zum Mitnehmen.)

_____

_____

_____

➡ Findest du eine bestimmte, auffällige Farbe am Altar? Welche? _____

➡ Zeichne auf die Blattrückseite eine Skizze vom Altar mit allem, was darauf ist. Zu Hause kannst du sie dann farbig ausgestalten.

➡ Zeichne eine Kirchenbank in der Seitenansicht.

SCHAU GENAU HIN: IN EINER EVANGELISCHEN KIRCHE

RELIGION

Evangelisch – Katholisch

Suche dir eine evangelische Kirche in deiner Nähe. Nimm dir Zeit, sie genau zu besichtigen und beantworte dann die folgenden Fragen. Nimm dazu das Arbeitsblatt und einen Stift mit. Wenn die Kirche abgeschlossen ist, kannst du dich im Gemeindebüro über die Öffnungszeiten informieren.

➔ Welchen Namen hat die Kirche, in der du gerade bist?

_____

➔ Finde heraus, warum sie so heißt. (Vielleicht gibt es im Innenraum ein Schild oder ein Informationsblatt.)

_____

➔ Welche Beziehung haben die Bilder in der Kirche zum Bauwerk selbst oder zur Kirchengemeinde? (Vielleicht kannst du jemanden dazu befragen.)

_____

_____

➔ In der Kirche liegen bestimmt Prospekte aus. Wenn dir etwas interessant erscheint, nimm es mit (falls das erlaubt und erwünscht ist.)

_____

➔ Welchen Titel trägt das Gesangbuch, das in der Kirche für die Gottesdienste ausliegt?

_____

➔ Welche regelmäßigen Veranstaltungen finden in der Kirchengemeinde statt? (Diese Informationen findest du meist am „Schwarzen Brett" oder auf Hinweisblättern zum Mitnehmen.)

_____

_____

_____

➔ Welche auffällige Farbe findest du an Altar und Kanzel? _____

➔ Zeichne auf die Blattrückseite eine Skizze vom Altar mit allem, was darauf ist. Zu Hause kannst du sie dann farbig ausgestalten.

➔ Zeichne eine Kirchenbank in der Seitenansicht.

KIRCHENRAUM IN DER KATHOLISCHEN KIRCHE (1)

Der Mittelpunkt der Kirche ist der *Altar*, die wichtigste Stelle der Kirche. Er ist ein geweihter Tisch, auf dem die *Eucharistie* (griechisch „Danksagung", das Abendmahl) gefeiert wird.

- Der Altar ist mit einem weißen *Altartuch* bedeckt (ähnlich einer Tischdecke).
- Das *Kreuz* als Zeichen Christi erinnert an das, was auf dem Altar passiert: Wir erinnern uns an den Tod und die Auferstehung Christi. In manchen Kirchen hängt das Kreuz über dem Altar oder ist hinter dem Altar angebracht.
- *Kerzen* (und Blumen) schmücken den Altar.
- Im *Messbuch* auf dem Altar stehen Gebete, die der Priester bei der Eucharistiefeier betetet.
- Auf dem Altar liegt auch das *Korporale*, ein kleines weißes Tuch, auf das Kelch und Hostienschale gestellt werden. (Das Wort kommt vom lateinischen *corpus* d.h. „Leib des Herrn".)

In der Nähe des Altars steht oft ein kleiner Tisch, die *Kredenz*, auf dem alles für die Messe vorbereitet ist:

- *Kelch* und *Kelchtuch*
- Die *Hostien* werden im *Ziborium* (Brotschale) bereitgestellt. Eine große Hostie liegt auf der *Patene*, einem kleinen Teller.
- Kännchen mit *Wein* und *Wasser*
- *Wasserschale* mit *Lavabotuch* (ein kleines Handtuch, an dem der Priester sich bei der Händewaschung die Hände trocknet; *lavabo* ist das lateinische Wort für „Ich wasche mich")

→ Zeichne ein Bild mit Altar und Kredenz, auf dem die einzelnen Gegenstände zu erkennen sind.

KIRCHENRAUM IN DER KATHOLISCHEN KIRCHE (2)

Im Kirchenraum findest du viele Gegenstände und Geräte, die auf Gott hindeuten. Sie heißen *sakrale Gegenstände*. Das Wort *sakral* kommt aus dem Lateinischen und heißt „heilig".

- Den *Altar* und die *Kredenz* hast du auf S. 77 bereits kennen gelernt.

- In den Altarstein sind meistens *Reliquien* eingelassen (lateinisch: *reliquiae* „Zurückgelassenes, Überrest"), das sind Knochenteile von Heiligen und Gegenstände, die mit ihrem Leben oder Sterben zu tun haben. Damit wird deutlich gemacht, dass die Gläubigen Heilige als Vorbilder ihrer Gemeinde verehren.

- Der *Taufbrunnen* oder *Taufstein* erinnert die Gläubigen an ihre eigene Taufe.

- Die *Osterkerze* ist das Zeichen für den von den Toten auferstandenen Christus: Er ist das Licht und das Leben für unsere Welt.

- Der *Ambo* (Lesepult) ist der Mittelpunkt des Wortgottesdienstes. Hier werden die Lesungen und das Evangelium vorgetragen. In alten Kirchen gibt es häufig zusätzlich noch eine *Kanzel*.

- Die *Sedilien* (lateinisch: Sitzbänke) sind Hocker für Priester und Messdiener.

- Das *Weihwasserbecken* erinnert am Eingang der Kirche an die Taufe.

- Im Tabernakel wird das eucharistische Brot (die *Hostie*) aufbewahrt. Das Wort kommt aus dem Lateinischen und bedeutet „Zelt, kleine Hütte". In der Nähe des Tabernakels brennt das *Ewige Licht* als Zeichen der Gegenwart Christi in Gestalt des Brotes.

- Die Hostie wird beim feierlichen Segen oft in einer *Monstranz* gezeigt, einem wertvollen Zeigegefäß.

- Im Kirchenraum sind häufig auch Figuren und Bilder von Heiligen aufgestellt. Sie erinnern uns an ihr Leben und an ihren Gottesglauben. Sie sind somit Vorbilder für uns.

- Der größte Gegenstand in einer Kirche ist oft die *Orgel*. Auf ihr begleitet der Organist den Gesang der Gemeinde oder er spielt eine festliche Musik zum Gottesdienst.

→ Versuche nun, die einzelnen Gegenstände zu zeichnen. Vielleicht hast du auch Gelegenheit, sie dir zunächst in einer Kirche anzusehen und dir näher erklären zu lassen.

IN DER EVANGELISCHEN KIRCHE

„An welchen Zeichen mag ich die Kirche erkennen? Ein Zeichen ist nötig, und wir haben es auch, nämlich die Taufe, das Brot und zum Ersten vor allem das Evangelium: Diese drei sind der Christen Wahrzeichen, Marken und Kennzeichen." (Martin Luther)

Das aus dem Griechischen stammende Wort *Evangelium* bedeutet „Frohe Botschaft" oder „Gute Nachricht". Für Luther ist es das Zentrum des christlichen Glaubens.

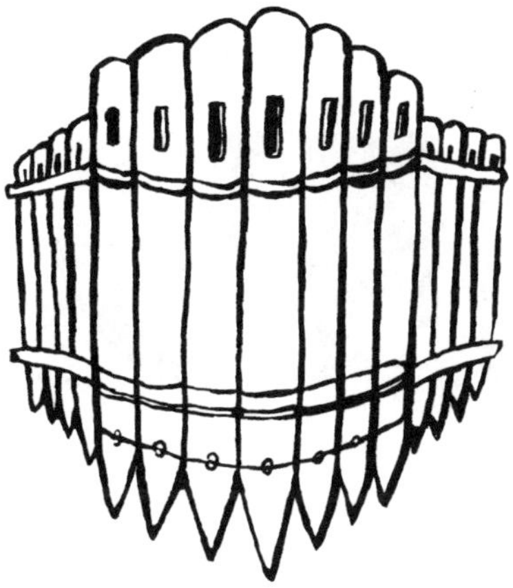

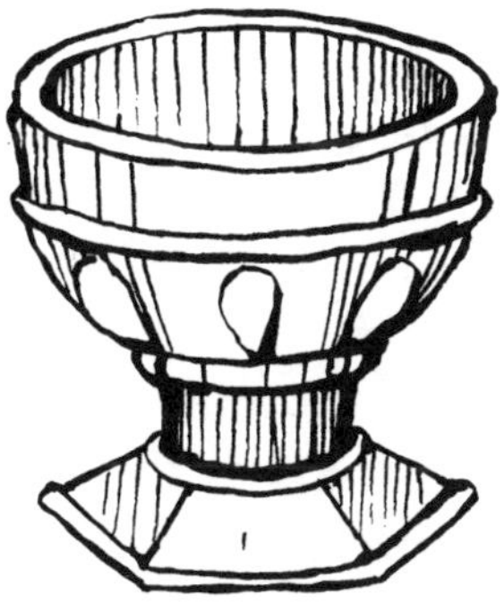

➡ In der evangelischen Kirche findest du Gegenstände, die das Wichtigste des evangelischen Glaubens zum Ausdruck bringen. Schreibe neben oder unter die Zeichnungen, in welcher Beziehung die dargestellten Dinge zum Evangelium stehen.
Hier einige Hilfen:
Der *Altar* ist kein erhöht stehender Opfertisch, sondern der Tisch des Herrn, um den sich die Gemeinde beim Abendmahl versammelt. Auf dem Altar liegt zwischen zwei Kerzen eine *aufgeschlagene Bibel*: Durch die Bibel ist das Licht der Liebe Gottes in die Welt gekommen. Das Abendmahl mit *Brot und Wein* steht für das Verbundensein mit Jesus. Es ist das gemeinsame Mahl, das wir miteinander teilen, wodurch wir Gottes Liebe an unsere Nächsten weitergeben. Die *Kanzel* ist der Ort der Predigt, d. h. der Verkündigung des Wortes Gottes. Die Predigt ist das Zentrum des evangelischen Gottesdienstes.

➡ Zeichne mithilfe der Abbildungen oben einen Teil des Innenraums einer evangelischen Kirche. Benutze dafür die Blattrückseite.

DIE SIEBEN SAKRAMENTE

Sakramente stellen die zentralen Feiern in der katholischen Kirche dar. Das äußere Zeichen, der Ablauf der Feier eines Sakramentes macht seine innere Wirkung sichtbar und hilft sie zu begreifen. In der evangelischen Kirche gibt es nur zwei Sakramente, weil nur diese durch Jesus selbst eingesetzt sind (Taufe und Abendmahl).

➜ Ordne die Sakramente ihrem jeweiligen Ablauf bzw. äußeren Zeichen zu und zeichne die dazugehörige Darstellung ab.

Die sieben Sakramente: Ehe, Krankensalbung, Firmung, Taufe, Priesterweihe, Eucharistie/Abendmahl, Buße

  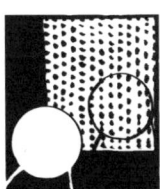    

Ablauf bzw. äußeres Zeichen	Sakrament	Darstellung
Bekenntnis des Gläubigen und Lossprechung durch den Priester		
Salbung mit reinem Olivenöl		
Gegenseitiges Versprechen, Tausch der Ringe, Bestätigung durch einen Priester		
Benetzen des Kopfes mit Wasser, Bezeichnung mit dem Kreuzzeichen, Salbung mit Chrisam*, Entzünden einer Kerze sowie Tragen eines weißen Kleides		
Handauflegung, Salbung mit Chrisam* durch den Bischof oder einen Vertreter		
Brot und Wein, erste Spendung durch den Priester		
Handauflegung und Weihegebet durch einen Bischof		

*von griechisch *chrisma*, „Salbe, Salböl": geweihtes Salböl, das bei Taufe, Trauung sowie Bischofs- und Priesterweihe verwendet wird

EIN FEST DER ROMA

RELIGION

Evangelisch – Katholisch

Das St. Georgsfest (6. Mai)

Das Fest des Heiligen Georg ist für die Roma der größte religiöse Feiertag im Jahr. Die Roma, die in vielen Ländern Europas leben, fühlen sich miteinander verbunden durch ihre Herkunft und Geschichte, durch ihre Sprache, das Romani, und in dem Stolz, Roma zu sein. „Rom" heißt Mensch oder Mann. In den deutschsprachigen Gebieten bezeichnen sie sich als Sinti, als Menschen vom Indus (sindhu), von dessen Ufern sie seit dem 9. Jahrhundert nach Westen gewandert sind. In den slawischen Ländern werden sie Cigani genannt.

In ihrer wechselvollen Geschichte wurden die Roma häufiger vertrieben als geduldet, sodass sie sich nirgends auf Dauer niederlassen konnten. Deshalb haben sie die reisende Lebensform zu ihrer Überlebensstrategie gemacht. Während der Zeit des Nationalsozialismus wurden 500 000 Sinti und Roma ermordet. [...]

Sie sind Christen und zwar – je nach ihrer Herkunft – Orthodoxe, Katholiken oder Protestanten.

Der heilige Georg, als Drachentöter überliefert, stammte aus Kleinasien und soll im 4. Jahrhundert als Christ den Märtyrertod gestorben sein. Er ist der Schutzheilige der Roma.

Im Mittelpunkt des St. Georgsfestes steht das Lamm. Die Roma erinnern damit an die Geschichte von Abraham und Isaak (Gen 22). Wo es den Menschen möglich ist, wird vor Sonnenaufgang ein Lamm geschlachtet. Das Familienoberhaupt dankt Gott dafür, dass er sie im Winter beschützt hat. Dann wird das Tier der aufgehenden Sonne entgegengehalten. Man besprengt es mit reinem Wasser, damit es den Menschen die Sünde vergibt, dass sie es getötet haben. Danach streicht der Vater jedem Familienmitglied etwas Blut auf die Stirn. Das Lamm wird mit Weidenzweigen besteckt, wie auch die Kirchen und Wohnungen zu diesem Fest mit Weidengrün geschmückt werden. Wo die Roma Zugang zu einer Kirche haben, findet ein Festgottesdienst statt, bei dem besondere Brote vom Raschai, dem Geistlichen, gesegnet werden. Diese Brote sind rund und flach. Ein Kreuz und andere Zeichen sind auf ihnen eingeritzt, sie sind mit kleinen Blumen aus Teig geschmückt. Eines der heiligen Brote und eine geweihte Kerze nehmen die Menschen für das abendliche Festessen mit nach Hause. Tagüber wird das Lamm am Spieß gebraten. Gegen Abend trifft sich die Großfamilie. Gäste und Fremde sind willkommen, ja, es muss bei jedem Fest wenigstens ein Fremder mitfeiern. Auf einem Tisch steht die brennende Kerze mit einem Bild des heiligen Georg. Der Familienälteste nimmt das Brot und spricht ein Gebet. Dann gießt er aus einem Glas etwas Rotwein auf den Laib und läßt den Wein in das Glas zurücklaufen. „Das Brot wird vom Wein geküsst", sagen die Roma. Danach wird es in Kreuzform eingeritzt. Vater und Sohn fassen den Laib und brechen ihn in zwei Teile; mit je einem anderen Mann werden sie nochmals gebrochen. Von diesen vier Brotstücken und dem Glas Wein essen und trinken alle ein wenig. Solange die Kerze brennt, muss einer aus der Familie, meistens der Vater, in Ehrerbietung stehen. Dann wird die ganze Nacht hindurch fröhlich gegessen, getrunken und getanzt. Die Roma feiern das St. Georgsfest, wo immer sie sind. Auch auf der Flucht und in großer Armut. Sie brauchen nur etwas Brot, etwas Rotwein und eine Kerze.

(Gertrud Wagemann, in: Katechetische Blätter 3/02, S.186 f.)

➡ Welche der genannten Symbole (Zeichen) oder Rituale (Handlungen) spielen auch bei anderen Festen eine Rolle?

➡ Unterstreiche mit zwei verschiedenen Farben: Dinge, die du kennst und solche, die dir unbekannt sind. Sammelt die unbekannten Begriffe und schlagt sie in einem Symbolwörterbuch nach.

➡ Hast du schon mal ein Bild von St. Georg gesehen? Was fällt dir zu dem Begriff „Drachentöter" ein?

DIE JÜDISCHE BIBEL (1)

➡ Nimm dir eine Bibel und betrachte das Inhaltsverzeichnis des Alten Testaments.
Du wirst feststellen, dass das Alte Testament aus vielen einzelnen Büchern besteht.
Male diese Bücher in der richtigen Reihenfolge (von links nach rechts und oben nach unten) in das
Bücherregal. Male sie so groß, dass du den abgekürzten Titel auf den Buchrücken schreiben kannst.
Achte darauf, dass alle Bücher ins Regal passen.

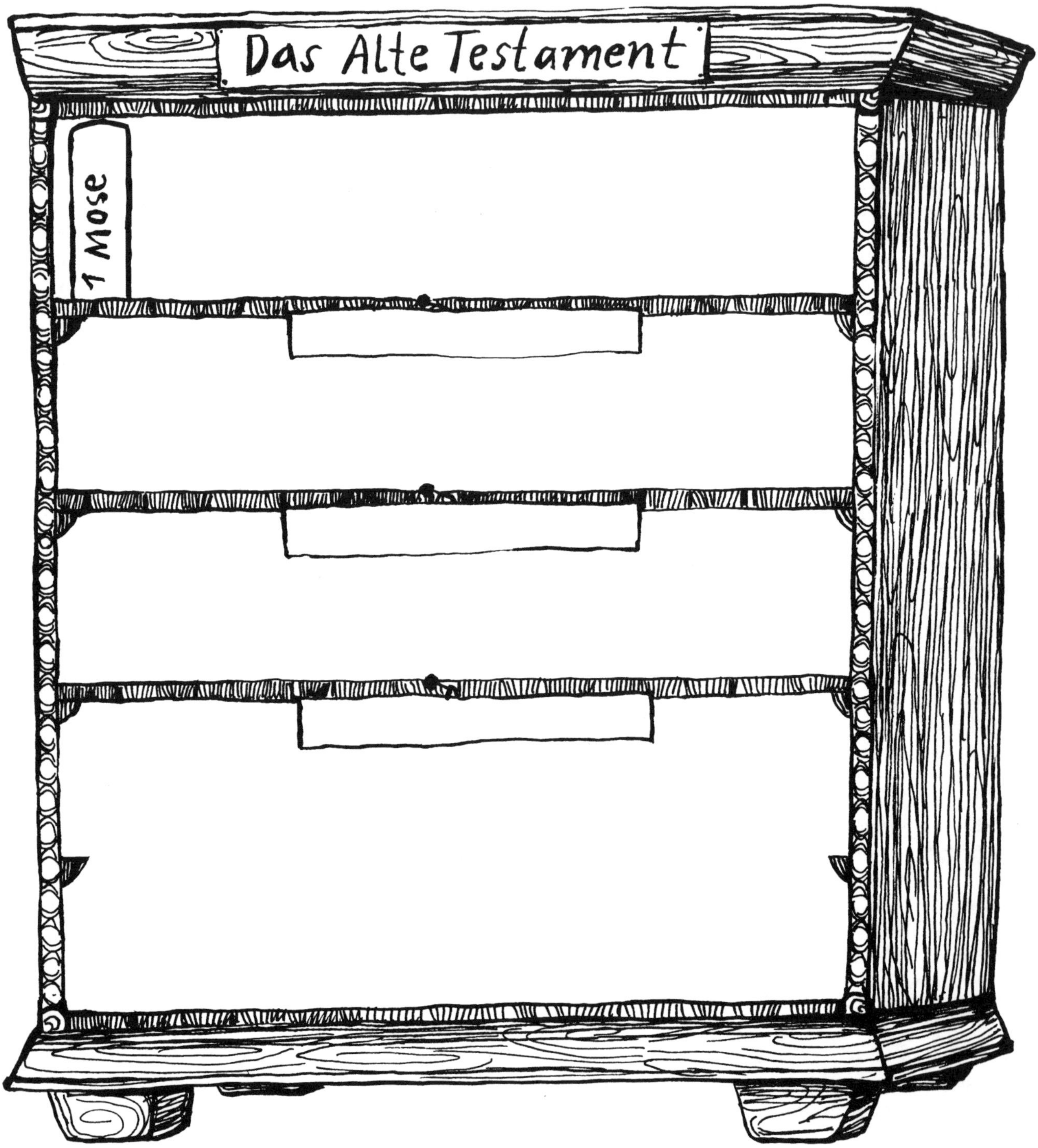

Das Alte Testament

1 Mose

➡ Das Alte Testament ist in mehrere Abschnitte aufgeteilt. Schreibe die Überschriften deiner Bibel in die
Schilder. Wenn du mehr Überschriften als Regalböden findest, zeichne zusätzliche Böden ein und ergänze
die Schilder.

DIE JÜDISCHE BIBEL (2)

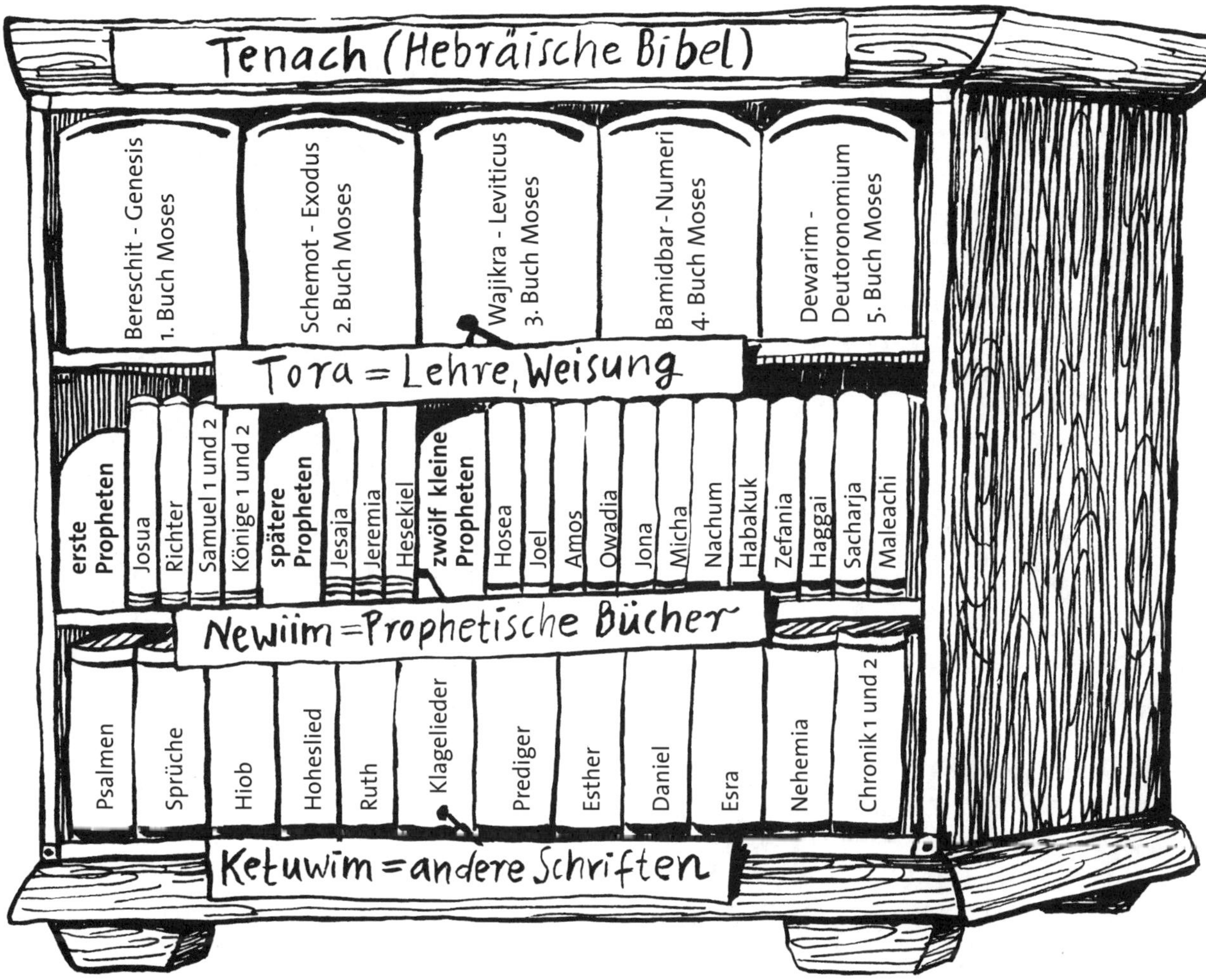

Tenach (Hebräische Bibel)

Bereschit - Genesis
1. Buch Moses

Schemot - Exodus
2. Buch Moses

Wajikra - Leviticus
3. Buch Moses

Bamidbar - Numeri
4. Buch Moses

Dewarim - Deutoronomium
5. Buch Moses

Tora = Lehre, Weisung

erste Propheten — Josua — Richter — Samuel 1 und 2 — Könige 1 und 2 — spätere Propheten — Jesaja — Jeremia — Hesekiel — zwölf kleine Propheten — Hosea — Joel — Amos — Owadia — Jona — Micha — Nachum — Habakuk — Zefania — Haggai — Sacharja — Maleachi

Newiim = Prophetische Bücher

Psalmen — Sprüche — Hiob — Hoheslied — Ruth — Klagelieder — Prediger — Esther — Daniel — Esra — Nehemia — Chronik 1 und 2

Ketuwim = andere Schriften

➡ Hier siehst du eine Darstellung des Aufbaus der jüdischen Bibel. Vergleiche sie mit deinem Bücherregal von S. 82, das die Bücher des Alten Testament der katholischen oder evangelischen Bibelübersetzung enthält. Was fällt dir auf?

_____

➡ Welche Gemeinsamkeiten siehst du?

_____

➡ Was ist unterschiedlich?

_____

Die jüdische Bibel wird auf Hebräisch „Tenach" genannt. Dieses Wort ist eigentlich eine Abkürzung.
Es wird aus den hebräischen Buchstaben Taf (T), Nun (N) und Kaf (K oder CH) gebildet.
Dies sind die Anfangsbuchstaben der hebräischen Namen für die drei Hauptteile:

Tora   (bedeutet „Lehre", „Weisung")
Neviim   (bedeutet „Propheten")
Ketuvim   (bedeutet „Schriften")

➡ Das Herzstück der jüdischen Bibel ist die Tora. Oben in der Zeichnung kannst du erkennen, welche fünf Bücher zur Tora gehören. Kennzeichne sie am besten farbig, damit man sieht, wie wichtig sie sind.

DIE ENTSTEHUNG DER HEBRÄISCHEN BIBEL

➡️ Die Bilder unten zeigen, wie die Bibel entstanden ist. Noch ist ihre Reihenfolge nicht richtig. Ordne sie, indem du sie ausschneidest und in der richtigen Reihenfolge in dein Heft klebst.

➡️ Male anschließend die Bilder bunt aus und finde Überschriften für jedes einzelne von ihnen.

➡️ Schreibe die Entstehung der Bibel in einem zusammenhängenden Text in dein Heft. Du kannst so anfangen:

Zuerst haben einzelne Menschen ...

HEBRÄISCH-RÄTSEL

➡ Die jüdische Bibel, die die Christen das Alte Testament nennen, wurde ursprünglich auf Hebräisch niedergeschrieben. Versuche das Rätsel der Sprache der jüdischen Bibel zu lösen.

בראשית ברא אלהים את השמים ואת הארץ

So wird dieser Satz ausgesprochen: **BE-RESCHIT BARA ÄLOHIM ET HA-SCHAMAJIM WE-ET HA-ARÄZ**

So kann man ihn ins Deutsche übersetzen: **EDRE EID DNU LEMMIH NED TTOG FUHCS GNAFNA MA**

➡ Diese Übersetzung hat eine Besonderheit – wenn du ein bisschen knobelst, wirst du sicher auf die Lösung kommen. Schreibe den Satz lesbar auf:

_____

_____

➡ Welche Regel für das Lesen (und Schreiben) des Hebräischen kannst du ableiten?

_____

_____

➡ Diese deutsche Übersetzung spiegelt eine weitere Besonderheit der hebräischen Sprache wider. Um welche handelt es sich dabei?

DR D DN LMMH ND TTG FHCS GNFN M

➡ Welche weitere wichtige Regel für das Lesen der hebräischen Sprache hast du herausgefunden? Notiere sie hier:

_____

_____

➡ Die Besonderheiten des Hebräischen kannst du im Deutschen spielerisch nachahmen. Schreibe diesen Text gemäß den beiden Regeln, die du festgestellt hast, auf:

GOTT SPRACH: ES WERDE LICHT. UND ES WURDE LICHT.

_____

➡ Du hast eine Art „Geheimsprache" entdeckt! Mithilfe deiner beiden Regeln kannst du den folgenden Satz sicher entschlüsseln:

.NLGNM STHCN DRW RM, TRH NM TS RRH RD

_____

➡ Erfindet selbst weitere Rätselaufgaben dieser Art und löst sie in der Klasse.

WAS STEHT IM NEUEN TESTAMENT?

➡️ Schlage in der Bibel das Inhaltsverzeichnis des Neuen Testamentes auf. Gestalte weitere Titelseiten der Bücher und die Umschläge der Briefe und klebe sie an die Pinnwand. Male eine weitere Pinnwand, damit du mehr Platz hast. Bei den Briefen achte darauf, ob der Verfasser oder der bzw. die Empfänger angegeben sind und schreibe die Namen entweder auf die Vorder- (Empfänger) oder auf die Rückseite (Absender). Wenn beides angegeben ist, schreibe beides auf die Vorderseite.

➡️ Suche dir ein Buch oder einen Brief aus. Lies etwas daraus oder erkundige dich, was darin steht. Schreibe etwas zum Inhalt oder deine eigenen Gedanken dazu auf. Lest euch gegenseitig eure Texte vor.

SPIEL: EINE GESCHICHTE WEITERERZÄHLEN

→ So wird gespielt:

- Findet sechs Freiwillige in eurer Klasse, von denen vier den Raum verlassen.
- Stellt nun zwei Stühle einander gegenüber. Auf einem der Stühle („Zuhörerstuhl") nimmt der fünfte Schüler Platz, auf den anderen Stuhl („Erzählerstuhl") setzt sich der sechste Schüler, der nun eine biblische Geschichte (z. B. Lukas 15, 11–32) vorliest.
- Schüler sechs macht für Schüler fünf den „Erzählerstuhl" frei; ein weiterer Schüler wird hereingerufen; dieser setzt sich auf den „Zuhörerstuhl". Der Schüler auf dem „Erzählerstuhl" gibt nun mündlich die Geschichte wieder und verläßt anschließend den „Erzählerstuhl", auf den sich dann der vorher Zuhörende setzt, um selbst zu erzählen.
- Mit weiteren Schülern könnt ihr das Spiel fortsetzen.
- Vergleicht am Ende die letzte Version der Geschichte mit dem Original.

→ Was war besonders schwierig bei diesem Spiel?

_____

_____

_____

→ Welche Vorteile siehst du bei einer mündlichen Weitergabe von Geschichten?

_____

_____

_____

→ Erläutere die Nachteile einer mündlichen Überlieferung.

_____

_____

_____

→ Auch einzelne Erzählungen der Bibel wurden zunächst mündlich weitergegeben.
Erläutere auf der Grundlage deiner Erfahrungen aus dem Spiel, vor welchen Problemen man stand,
als diese das erste Mal aufgeschrieben wurden.

_____

_____

_____

_____

VON ERINNERUNGEN ZUM TEXT

➡ Stell dir vor, du bist ein Evangelist. Du hast schon viel über Jesus gehört und dir natürlich auch schon einige Notizen gemacht.

Jesus erzählt Gleichnisse: lässt 99 stehen – sucht Schaf – freut sich – ruft Freunde und Nachbarn – freut sich mit ihnen – genauso Freude im Himmel über Sünder, der Buße tut – genauso werden sich die Engel Gottes freuen über einen Sünder, der Buße tut – mehr als über 99, die nicht büßen müssen – oder – hundert Schafe – Frau hat 10 Silbergroschen – verliert einen – verliert eins – sucht im ganzen Haus – findet – ruft Freundinnen und Nachbarinnen – kommt nach Hause – freut euch mit mir

➡ Jetzt willst du dich endlich an die Arbeit machen und einzelne Geschichten von Jesus in der richtigen Reihenfolge aufschreiben.
- Ordne die Textstücke, indem du sie nummerierst. Schau dabei nicht in der Bibel nach.
- Schreibe einen zusammenhängenden Text mithilfe der Notizen.
- Suche eine Überschrift für deinen Text.
- Jetzt schlage in der Bibel (Lukas 15, 3 – 10) nach und vergleiche deinen Text mit dem der Bibel.
- Welche zwei Sätze sind für dich die wichtigsten und dürfen auf keinen Fall weggelassen werden?
- Einige dich mit deinem Tischnachbarn auf zwei solche wichtigen Sätze und schreibe sie auf.

_____

_____

_____

_____

_____

➡ Welche Sätze der Geschichte sind überflüssig, sodass man sie weglassen könnte?
Warum? Sprich darüber mit deinem Nachbarn oder deiner Nachbarin.
Schreibt gemeinsam eine Geschichte, die kürzer ist, aber den gleichen Inhalt hat.

_____

_____

_____

_____

_____

_____

_____

➡ Lest Matthäus 18,12 – 14 und Johannes 10,11 und 12. Was fällt euch auf?

MARKUS: DIE FROHE BOTSCHAFT

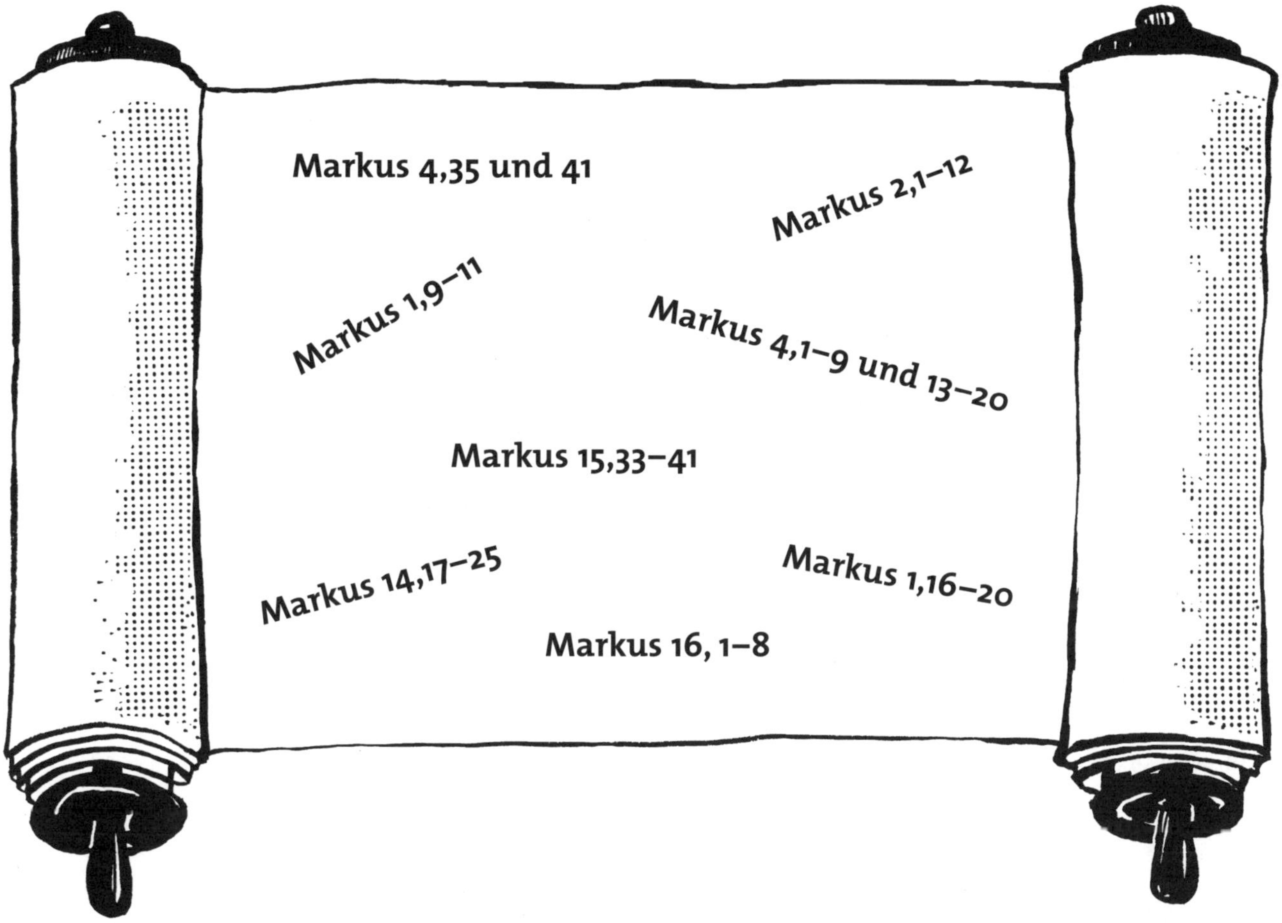

Markus 4,35 und 41

Markus 2,1–12

Markus 1,9–11

Markus 4,1–9 und 13–20

Markus 15,33–41

Markus 14,17–25

Markus 1,16–20

Markus 16, 1–8

➡ Sucht die angegebenen Bibelstellen in der Bibel. Ihr könnt sie euch aufteilen, sodass nicht jeder alle Stellen suchen muss.

➡ Wenn ihr die Stellen gefunden habt, lest sie durch und malt ein Bild (DIN-A4) zu dem Text und schreibt die dazugehörige Überschrift aus der Bibel darüber.

➡ Legt die fertigen Bilder in einer sinnvollen Reihenfolge hintereinander. Dafür gibt es nicht nur eine richtige Möglichkeit.

➡ Klebt alle Blätter zusammen, sodass eine lange Bahn entsteht. Wenn ihr diese Bahn von beiden Seiten mit zwei Stöcken aufrollt, habt ihr eure eigene Schriftrolle gebastelt.

➡ Schaut euch nun eure Bildgeschichten noch einmal an und überlegt gemeinsam, warum der Evangelist Markus seine Schrift „Frohe Botschaft" genannt hat.

➡ Schreibt eure Begründungen unter der Überschrift „Die frohe Botschaft des Markus" auf. Dafür könnt ihr auch die Blattrückseite nutzen.

_____

_____

_____

_____

WOHER WUSSTEN SIE DAS?

Zur Zeit Jesu wurden die Bibeltexte des Neuen Testaments nicht sofort aufgeschrieben, das geschah erst 50 bis 100 Jahre später. Die Menschen haben sich vieles erzählt, denn schreiben und lesen konnten nur sehr wenige. Dass die Geschichten so nicht immer genau gleich erzählt wurden, ist ganz klar.
(Ihr kennt das sicher selbst: Jeder, der eine Geschichte, die er selbst nur vom Hörensagen kennt, weitererzählt, verändert sie dabei ein wenig. Am Ende ergeben die vielen Veränderungen fast eine neue Geschichte.)

Markus war der Erste, der die mündlichen Überlieferungen aufschrieb. Sein Evangelium ist eine Sammlung von Texten über Jesus.
Erst später wurden auch das Matthäus- und das Lukasevangelium geschrieben. Beide Evangelisten kannten das Markusevangelium und konnten es als Fundgrube für ihre eigenen Berichte nutzen.
Deshalb nennt man das Markusevangelium auch „Quelle" für Matthäus und Lukas.
Beide haben aber auch noch eine andere gemeinsame „Quelle" benutzt. Man nennt sie „Spruchquelle", weil in ihr fast nur Sprüche stehen. Diese wurden vorher aufgeschrieben. Den genauen Zeitpunkt kennt man nicht. Sie wird einfach nur „Q" genannt.
Matthäus und Lukas haben aber auch noch andere Informationsquellen gehabt. Diese Verse, die nicht von „Q" stammen und nicht aus dem Markusevangelium übernommen sind, werden „Sondergut" genannt, weil beide Evangelisten eigene Abweichungen aufweisen. Der Evangelist Johannes schrieb sein Evangelium später unabhängig von den anderen.
Dennoch finden wir beim Vergleich der Evangelien viele Gemeinsamkeiten.

➡ Lest euch den Informationstext gut durch.

➡ Schneidet die Abbildungen aus.

➡ Legt aus den Abbildungen ein Schema zusammen, das zeigt, in welcher Reihenfolge die Evangelien entstanden sind und klebt es auf. Dabei hilft es, wenn ihr die einzelnen Teile mit Pfeilen verbindet.

➡ Ergänzt folgenden Satz:

Die Quellen für die Evangelien nach Markus, Matthäus und Lukas sind: _____

1. _____

2. _____

3. _____

4. _____

DER MISSIONAR PAULUS

... gründete auf seinen Missionsreisen in verschiedenen Städten christliche Gemeinden, mit denen er durch Briefe Kontakt hielt.

➡ Im Neuen Testament findest du diese Briefe. Lies in ihnen nach, welche Städte er besuchte und welchen Gemeinden er schrieb. Vergleiche auch die Karte der Reisen des Paulus, die in den meisten Bibeln zu finden ist.

_____

_____

_____

_____

_____

_____

➡ Kennzeichne farbig auf der Karte unten die Städte, die von Paulus besucht und angeschrieben wurden.

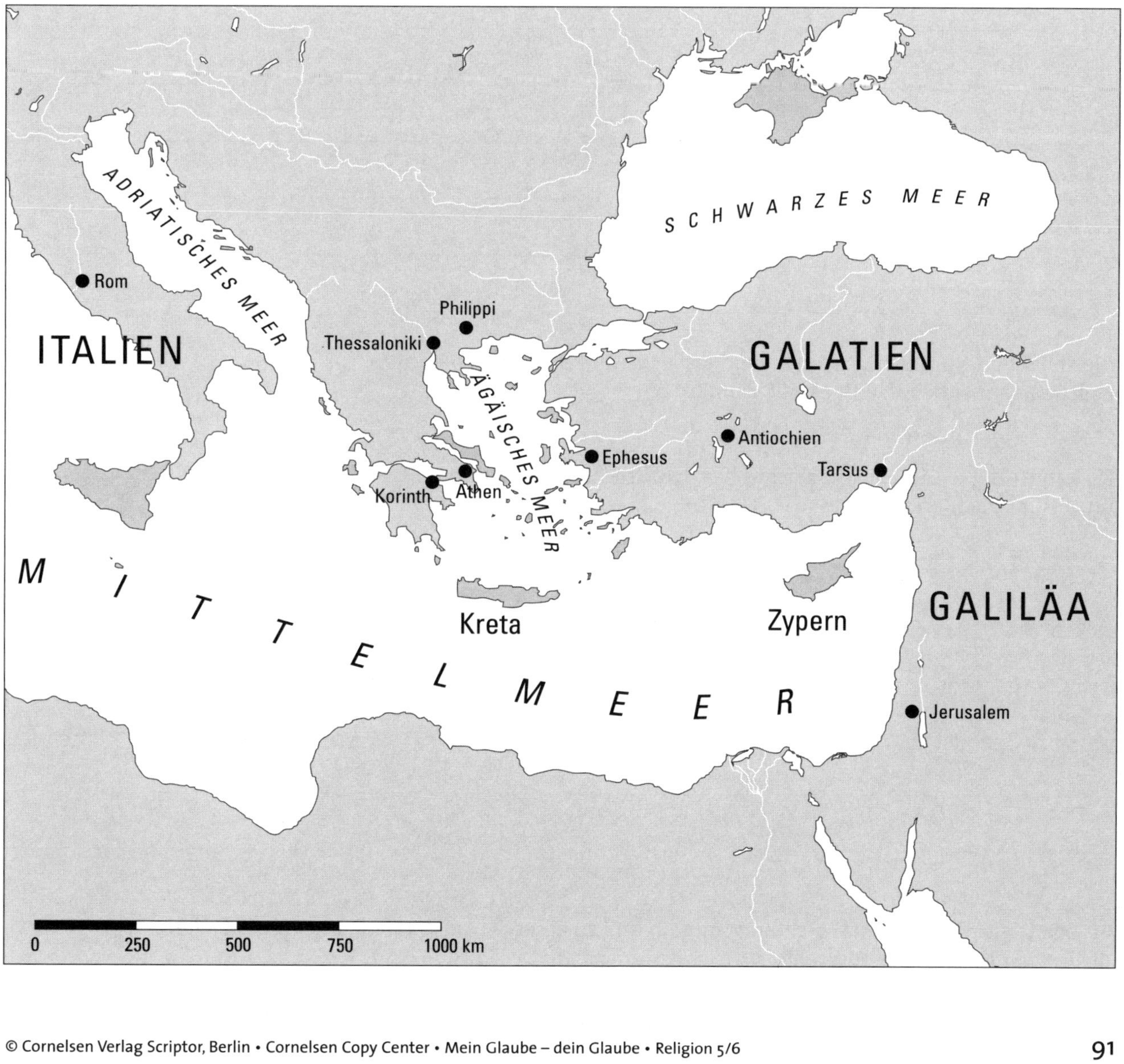

ADRIATISCHES MEER

SCHWARZES MEER

● Rom

ITALIEN

Philippi ●

Thessaloniki ●

GALATIEN

ÄGÄISCHES MEER

● Antiochien

● Ephesus

Tarsus ●

Korinth ● ● Athen

MITTELMEER

Kreta

Zypern

GALILÄA

● Jerusalem

0   250   500   750   1000 km

MEINE LIEBLINGSGESCHICHTE IN DER BIBEL

Hier kannst du deine Lieblingsgeschichte aus der Bibel wiedergeben.

➡ Male deine Lieblingsgeschichte als Bild:

➡ Entwirf eine Spielszene zu deiner Lieblingsstelle in der Bibel und lasse die Klasse nach der Darstellung erraten, um welche Geschichte es sich handelt. Hier kannst du dir Notizen zu deiner Spielszene machen:

Anschließend tragt ihr die Szenen der Klasse vor und die anderen erraten,
welche Begebenheiten dargestellt wurden.

➡ Du kannst deine Lieblingsgeschichte hier schriftlich im „Telegramm-Stil" nacherzählen,
um sie anschließend der Klasse vorzulesen:

➡ Ihr könnt eure Lieblingsgeschichten sammeln und zu einer „Auswahlbibel" zusammenstellen,
die ihr im Klassenraum ausstellt.

EINEN COMIC ZUR BIBEL GESTALTEN

→ Lest die Geschichte von der Tempelreinigung im Neuen Testament (NT). Ihr findet die Geschichte im Markusevangelium (Mk 11,15 – 19).

→ Gestalte zu dieser Geschichte ein Comic. Gehe dabei wie folgt vor:

1. Überlege, in welche Szenen sich die Geschichte gliedern lässt.
2. Mache dir klar, was du aus welcher Szene malen willst.
3. Lege fest, was du in die Sprechblasen schreiben möchtest und ob ein einführender Text notwendig ist.

Dein Bibel-Comic

Auswertung:

→ Was war besonders schwierig?

_____

_____

→ Welches der Bilder ist dir am wichtigsten?

_____

_____

→ Was spricht dafür, Geschichten aus der Bibel auf diese Art und Weise darzustellen?

_____

_____

_____

WAS HALTEN MENSCHEN VON DER BIBEL?

➡️ Findet heraus, welche Rolle die Bibel im Leben der Menschen spielt. Eine Möglichkeit dazu ist es, Leute zu befragen. Führt dazu kleine Interviews. Dafür braucht ihr entweder einen Kassettenrecorder mit Mikrofon oder einen Notizblock.

➡️ Zuerst legt ihr fest, welche Fragen ihr an die Leute richten wollt. Eine Frage wäre z. B.:

Frage 1: „Besitzen Sie eine Bibel? Wenn ja, wie kam sie in Ihren Besitz?"

Frage 2: _____

_____

_____

_____

_____

_____

_____

_____

_____

_____

➡️ Als Nächstes überlegt ihr, wen ihr befragen wollt (Freunde, Verwandte, Lehrer ...) und wie viele Personen ihr insgesamt befragen möchtet.

_____

_____

➡️ Wenn ihr die Interviews durchgeführt habt, spielen (Kassette) oder tragen die Gruppen ihre Arbeits- ergebnisse vor. Gibt es bestimmte Antworten der Menschen, die sehr ähnlich sind? Welche sind das?

_____

_____

_____

➡️ Welche Antwort hat dich am meisten beeindruckt? Was hast du bei den Gesprächen erlebt?

_____

_____

_____

Anmerkungen

Zitate aus Bibel und Koran wurden behutsam der reformierten Rechtschreibung angepasst. Es wird zitiert nach der Zürcher Bibel. Zürich 1942 (S. 5 außerdem: Biblia sacra iuxta vulgatam versionem. Stuttgart ³1983). Die Koranzitate erfolgen nach: Der Koran. Aus dem Arabischen übersetzt von Max Hennig. Durchgesehene und verbesserte Auflage Stuttgart 1991.

Seite	Anmerkungen
5	Die Bibelstellen (evtl. auch die Koranstelle) können nachgeschlagen und im Zusammenhang erörtert werden. Zusatzfrage: Warum sind sie für die Synagoge, die Kirche und die Moschee ausgewählt worden?
6	Als Hilfestellung kann man die Gebäudenamen vorgeben: Synagoge, Kirche, Moschee. Bei anderen Zuordnungen kann man durch Übersetzungen oder andere Hinweise helfen, z. B. *via dolorosa*: „Schmerzensstraße".
7	**Richtig:** 4, 5, 7 10, 12, 13. **Rätsel:** 1) Ramadan, 2) Bibel, 3) Jerusalem, 4) Synagoge, 5) Moschee, 6) Koran, 7) Minarett; **Lösungwort:** Abraham
8	Das *Schma Israel* ist das zentrale Gebet im Judentum. Es beginnt mit den Worten „Höre Israel, der Herr ist unser Gott, der Herr ist einzig" und fordert dazu auf, Gott uneingeschränkt zu lieben. Ein *Hadith* ist eine zunächst mündlich überlieferte Geschichte aus dem Leben Mohammeds. Die Muslime richten sich in ihrem Handeln nach den in den Hadithen beschriebenen Verhaltensweisen und Aussprüchen Mohammeds. Hadith ist Arabisch und bedeutet „Bericht". Alle Hadithe zusammen bilden die *Sunna*. Das bedeutet „gewohnte Handlungsweise" oder „Tradition". (vgl. auch Seite 43). *Buddha* und *Nirwana* gehören zum Buddhismus.
12	Im Anschluss könnte man über ähnliche Feste in anderen Religionen sprechen, z. B. über das jüdische Purimfest.
13/14	Einige Daten wechseln jedes Jahr. L sollte als Hilfe einen aktuellen Kalender mitbringen, in dem auch die jüdischen und islamischen Feiertage vermerkt sind. Hilfreich wäre auch ein Religionslexikon, in dem die Feiertage erklärt sind.
26	Eine mögliche Antwort auf die 3. Frage wäre z. B.: Das Getötete soll nicht mit dem Lebensspendenden (Milch) gleichzeitig genossen werden aus Ehrfurcht vor dem von Gott geschenkten Leben.
27	Nicht koscher: Salamipizza (Käse und Fleisch), Lasagne (Käse und Fleisch), Butterbrot mit Schinken (Schwein), Cappuccino nach dem Braten (Milch und Fleisch), Hummer (Krebstier), Blutwurst (Blut).
31	Die in Öl gebackenen Speisen erinnern an das Öl in der Chanukka-Legende (vgl. S. 30).
32	Für das Spiel Nüsse, Rosinen, Kekse o. Ä. mitbringen
33	Die S sollten die biblische Geschichte vom Auszug aus Ägypten kennen (vgl. S. 36). Die Speisen könnten in arbeitsteiliger Hausaufgabe zubereitet werden. Zum Ablauf vgl. S. 34/35.
34	Zuordnung: 1:3; 2:4; 3:2; 4:1
39	Farbige Abbildungen von Moscheen mitbringen. Die Inschrift der Zierkachel rechts oben lautet: „Allah ist groß."
42	Reihenfolge (von oben nach unten): Schams, Samaa, Maa, Dschamal, Salam, Wachad, Katab
43	Vgl. Anmerkung zu S. 8.
44/45	Die Geschichten von der Nachtreise und der Himmelsreise Mohammeds sind zwei aufeinander folgende Kapitel in der Prophetenbiografie des Ibn Ishaq. In der späteren Überlieferung sind die beiden Geschichten miteinander verschmolzen.
51	Hier könnte über die Bedeutung von Ritualen (S. 18) und Sakramenten (S. 80) gesprochen werden. Auch auf Gemeinsames und Verschiedenes in den Konfessionen kann man eingehen (vgl. die erste Themeneinheit). Vorausgehen bzw. sich anschließen kann eine Unterrichtseinheit über das Wasser als Symbol.
52/53	Gedacht als persönliche Annäherung an das Kreuzsymbol.
54/55	Kann Grundlage für einen eindrucksvollen Gottesdienst in der Passionszeit sein. Gut geeignet für eine Kirche mit breitem Mittelgang. Grundlage für den Text sind die Evangelien und spätere

christliche Traditionen (z. B. Veronika, vgl. auch S. 56).

58 Zum Vergleich mit dem Pessachfest s. S. 33 –36.

61 Anschließend können die Motive auf echte ausgeblasene Eier gemalt werden, mit denen man den Klassenraum schmücken kann (vgl. auch S. 62).

62 Christlich: Lamm, Fisch, Schiff, ChiRho

63/64 Spitze Schere und Kleber mitbringen. Erfordert genaues Arbeiten mit der Schere, darum eher ab Klasse 6 geeignet. Adventskalender kamen um 1850 auf, der Erste wurde etwa 1908 gedruckt.

66 *Matthäus*: Haus, ein Engel, Stern, Geschenke; *Lukas*: Hirten, Schafe, Krippe, Engelgruppe; *Spätere Tradition*: Stall (bei Lukas nur „Krippe"), Drei Könige (bei Matthäus nur „Weise"), Kamele, Ochse, Esel, Schneemann, Weihnachtsmann, Tannenbaum.

69 Bevor man den S das Arbeitsblatt gibt, kann man den Satz „Ihr seid das Licht der Welt" an die Tafel schreiben. Die S malen selbst ein Bild dazu und stellen ihre Ergebnisse vor. Vgl. auch S. 15 –17.

71 Alternative zur zweiten Aufgabe: *Welcher Platz auf dem Bild könnte dein Platz sein? Markiere ihn mit einem roten Kreuz (X) oder zeichne eine kleine Figur an die Stelle.* Ein Nebeneinander der verschieden ausgemalten Bilder kann Gesprächsanlass sein.

72 Die letzte Aufgabe könnte Hausaufgabe sein (auf Kirchturmspitzen im Ort und unterwegs achten und sie skizzieren). In diesem Zusammenhang kann auch nach anderen Symbolen auf Kirchturmspitzen gefragt (z. B. Schiff, Engel) und über deren Bedeutung gesprochen werden.

74 **Senkrecht:** 1) Reformation, 8) Bibel; **Waagerecht:** 2) Weihwasser, 3) Konfession, 4) Altar, 5) Maria, 6) Luther, 7) Ewiges Licht, 9) Tabernakel

75/76 Die Arbeitsblätter sind als Unterstützung für einen Unterrichtsgang in die beiden Kirchen gedacht.

77/78 Diese Arbeitsblätter können auch ohne einen Unterrichtsgang bearbeitet werden.

80 Taufe und Abendmahl (bzw. Eucharistie) sind zwar die beiden gemeinsamen Sakramente, unterscheiden sich aber innerhalb der Konfessionen im Ritus und in der Bedeutung. Darauf kann in dieser Altersstufe nur ansatzweise eingegangen werden.
Zum Sakrament der Taufe vgl. S. 51.

81 Zusätzlich sinnvoll: Information über Roma, Bilder (Postkarten) mit St. Georg; Gespräche über Heiligenverehrung, andere Heilige und ihre Feste (z. B. St. Martin, St. Nikolaus u. a.).

82/83 Die Überschrift ist gewählt worden, um zu zeigen, dass die Christen die Bibel der Juden übernommen und sie später Altes Testament genannt haben. Bei einem Vergleich zwischen katholischen und evangelischen Bibelausgaben kann man Unterschiede feststellen. Bei katholischen Bibelausgaben enthält das AT mehr Bücher. Wenn beide Bibelausgaben zur Verfügung stehen, kann L die Arbeitsblätter kopieren und für katholische und evangelische Bibelübersetzungen ausfüllen lassen (dazu evtl. zwei Arbeitsgruppen bilden), anschließend erfolgt die Auswertung im Plenum.

84 Der Anfang könnte auch lauten: „Zuerst haben einzelne Menschen anderen etwas über Gott und das Volk Israel erzählt ...". Reihenfolge der Zeichnungen: Oben rechts (Erzählungen Einzelner an Einzelne), Mitte links (mündliche Weitergabe des Erzählten), unten (Aufschreiben einzelner überlieferter Erzählungen, Sprüche usw.), oben links (Sammeln und Zusammenstellen von Texten, Redaktion), Mitte rechts (Zusammenstellen größerer Einheiten – Schriftrollen – zur hebräischen Bibel).

85 1. Man liest und schreibt von rechts nach links. 2. Es werden nur Konsonanten geschrieben. 4. „Der Herr ist mein Hirte, mir wird nichts mangeln." (Ps 23,1)

86 Tipp: Die S können auch größere Titelseiten und Briefe gestalten und in der Klasse an die Pinnwand heften oder auf eine Wandzeitung kleben.

90 Letzte Aufgabe (Quellen): 1. Mündliche Überlieferung und unbekannte Texte über Jesus (für Mk) 2. Das Markusevangelium (für Mk und Lk) 3. Sondergut des Mt (für Mt) 4. Sondergut des Lk (für Lk) 5. Spruchquelle (für Mt u. Lk)

94 Vorbereitung und Auswertung für das Interview werden im Unterricht durchgeführt, das Interview selbst ist Hausaufgabe. Interessant kann es sein, wenn S die Fragen auch für sich selbst beantworten.

96